国家重点研发计划科技冬奥专项"科技奥运互动发展与成果集成评估技术研究"项目成果

奥运与科技互动发展理论及实践研究

主　编◎方　力　喻　红
副主编◎张士运　刘彦君

科学技术文献出版社
SCIENTIFIC AND TECHNICAL DOCUMENTATION PRESS
·北京·

图书在版编目（CIP）数据

奥运与科技互动发展理论及实践研究 / 方力，喻红主编；张士运，刘彦君副主编. —北京：科学技术文献出版社，2024.5
ISBN 978-7-5235-1341-5

Ⅰ．①奥… Ⅱ．①方… ②喻… ③张… ④刘… Ⅲ．①科学技术—应用—奥运会—研究 Ⅳ．① G811.21

中国国家版本馆 CIP 数据核字（2024）第 087189 号

奥运与科技互动发展理论及实践研究

| 策划编辑：崔　静 | 责任编辑：李　晴 | 责任校对：张永霞 | 责任出版：张志平 |

出 版 者	科学技术文献出版社
地　　　址	北京市复兴路15号　邮编　100038
编 务 部	（010）58882938，58882087（传真）
发 行 部	（010）58882868，58882870（传真）
邮 购 部	（010）58882873
官方网址	www.stdp.com.cn
发 行 者	科学技术文献出版社发行　全国各地新华书店经销
印 刷 者	北京时尚印佳彩色印刷有限公司
版　　　次	2024年5月第1版　2024年5月第1次印刷
开　　　本	787×1092　1/16
字　　　数	193千
印　　　张	13
书　　　号	ISBN 978-7-5235-1341-5
定　　　价	148.00元

版权所有　违法必究

购买本社图书，凡字迹不清、缺页、倒页、脱页者，本社发行部负责调换

编委会

主　　编 方　力　喻　红

副 主 编 张士运　刘彦君

编委成员

李　荣　张　婧　王　健　王　强　胥彦玲　类淑霞　陈雪飞
董晓晴　周　雷　吴玉辉　娄　峰　袁燕军　戴爱兵　向　宁
龚　龑　王冰琪　卢　絮　王丽芳　李冬梅　吕　鑫　陈　政
李堂军　沈媛媛

序言 PREFACE

科学技术迅猛发展，奥运辉煌薪火相传，科技和奥运一直相伴同行。

百余年的奥运历史，是人类探索自身身体极限、实践"更高、更快、更强、更团结"追求的过程，也是科技应用于奥运展示成就的历史，奥林匹克竞技运动与奥运会的筹办全程都不断地向现代科技发起挑战，在实践中提出一个个难题，促使科技工作者去研究、去解决；也正是各种科技手段不断在运动训练、赛事组织和各项赛事中的应用，奥运会才能不断超越极限、创造新纪录，扩大规模、提升影响。奥运与科技之间已然形成了一种互动关系，科技助奥运、奥运促科技，二者相互融合，密不可分。

科技奥运的本质是奥运与科技的互动。奥运与科技互动发展，其实质是科技对奥运的助力作用和奥运对科技需求拉动作用的有机统一。厘清奥运与科技的互动机制，管理好奥运与科技的互动关系，发挥好科技对奥运的助力作用和奥运对科技创新的促进作用，对于社会经济发展至关重要。

本书是国家重点研发计划科技冬奥专项"科技奥运互动发展与成果集成评估技术研究"的成果之一，作为助力2022年北京冬奥会科技应用的一项理论研究性和实践总结性成果，本书从历史逻辑和现实逻辑统一的视角总结奥运会与科技互动的演进历史，重点聚焦历届奥运会新技术使用情况，揭示奥运与科技互动发展规律、提炼互动机制，研判未来发展趋势，以期为以后的奥运会等大型体育赛事活动的科技创新管理提供理论指导，促进奥运与科技的良性互动，为各种类型的重大体育赛事应用科技成果提供借鉴和参考。

目 录 CONTENTS

第一篇 导 论

一、研究背景及意义 3
二、研究现状及文献综述 5
三、概念界定 11
四、研究框架 13

第二篇 理论研究

第一章 奥运与科技的互动作用、类型和特性 25
一、奥运与科技的互动作用 25
二、奥运与科技互动的类型 30
三、奥运与科技互动的特性 30

第二章 奥运与科技互动发展的基本理论 33
一、奥运与科技互动的系统综合集成方法论 33
二、奥运与科技互动发展的具体理论分析 38

第三章 奥运与科技互动发展的作用机制和影响途径 45
一、奥运促进科技创新的作用机制 45

1

二、科技促进奥运组织管理、文化发展的影响途径 49

  三、奥运科技对区域创新能力提高的理论分析 52

第四章　奥运与科技互动发展的特点 55

  一、互动的向度：从奥运科技化和科技奥运化发展到奥运科技融合化 55

  二、互动的深度：从器物设施层面的互动，到规则制度层面的互动，再到理念战略层面的互动 56

  三、互动的广度：科技应用到奥运的领域范围越来越广，在奥运应用的科技种类越来越多 57

  四、互动的频度：科技成果应用于奥运的进程越来越快 58

  五、互动的强度：由无意识、被动科技应用转变为主动探索应用场景、主动研发 59

第三篇　演进历程

第五章　历程分期的依据及标准 63

  一、分期的一般研究 63

  二、分期的构成要素 67

  三、分期的逻辑基础 71

  四、本研究分期的标准及分期的具体内容 74

第六章　奥运与科技互动发展历史分期 77

  一、互动萌芽期：1896—1908年（第1～4届奥运会）......77

  二、互动成长期：1912—1968年（第5～19届夏季奥运会）......80

  三、互动提升期：1972—2004年（第20～28届夏季奥运会）......86

  四、互动融合期：2008年（第29届夏季奥运会）至今 93

第四篇　实践经验

第七章　北京冬奥场景与科技互动实践 103

- 一、奥运技术和应用场景关系 103
- 二、技术与场景双轮驱动成就北京冬奥盛会 105
- 三、奥运技术和场景互动典型案例 138

第八章　北京冬奥与科技互动发展的实践经验总结 144

- 一、以科技冬奥理念为引导的谋划布局是科技与冬奥互动发展从愿景走向现实的坚实基础 144
- 二、科技创新统筹协调工作机制和扁平化科研管理机制，是有效落实科技冬奥理念的重要保障 146
- 三、以场景需求驱动的技术创新是冬奥与科技互动发展的关键 148
- 四、开放合作和集成创新是破解冬奥技术难题的有力保障 149
- 五、推动科技冬奥遗产的传承与利用是续写科技冬奥辉煌的重要途径 151

第五篇　未来趋势

第九章　未来奥运科技发展趋势——互动结果视角 157

- 一、更智能——人机结合办赛 157
- 二、更低碳——未来奥运走向"负碳时代" 161
- 三、更精准——基础运行与服务保障不确定性的有效应对 165
- 四、更沉浸——观赛体验将发生根本性改变 169
- 五、更安全——前沿技术使风险防控更加积极有效 172
- 六、更包容——万物互联与融通让奥运分享更加广泛 175

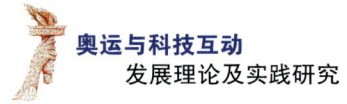

第十章　奥运科技对经济和产业的发展带动——产业带动视角 178

 一、奥运理念与前沿科技产业的契合度越来越高 179

 二、科技奥运对产业及经济的带动更加综合和内生 180

 三、奥运与科技互动发展的影响向区域一体化延伸 184

第十一章　未来奥运与科技互动发展的实现思考——组织与管理视角 187

 一、可持续发展管理理念更加深度融入赛事组织本身 188

 二、增强研发协同管理能力 191

 三、与产业联系更加长期和紧密 193

致　谢 195

第一篇

导 论

一、研究背景及意义

（一）研究背景

习近平总书记非常重视科技在奥运中发挥的作用。习近平总书记亲自决策，亲自推动2022年北京冬奥会，提出"绿色、共享、开放、廉洁"的办奥理念和"精彩、非凡、卓越"的办赛目标。2017年2月24日，习近平总书记指示"积极运用现代科技特别是信息化、大数据等技术，不仅为冬奥会、冬残奥会的运行保障和服务提高效率，更对北京可持续发展具有深远意义"[①]。2021年1月19日，习近平总书记强调"同我们国家的强国之路一样，中国冰雪运动也必须走科技创新之路"[②]。

2008年北京奥运会科技奥运理念的成功实践对城市发展理念产生了重要影响。2008年北京奥运会是首届明确提出科技奥运理念的奥运会。"奥运科技（2008）行动计划"和"北京奥运会科技战略"的实施，充分展示了中国科技发展水平，有力地推动了北京科技和产业的发展，促进了城市基础设施建设，辅助城市转型、产业结构调整目标的实现。为此，应抓住冬奥契机，总结2008年北京奥运会对城市的贡献，促进自身发展，讲述中国故事，贡献中国智慧。

2016年11月18日，科技部在征求国家发展改革委、北京冬奥组委等部门意见的基础上，经部务会审议通过了《科技冬奥（2022）行动计划》。为落实《科技冬奥（2022）行动计划》，2017年9月23日，科技部第23次部务会议审议通过国家重点研发计划"科技冬奥"重点专项实施方案，对科学办赛关键技术等5个重点方向进行了项目布局。截至2021年年底，"科技冬奥"重点专项已经支持98个项目。此外，北京冬奥组委围绕赛事筹办从基础设施、绿色环保、

[①] 热解读丨第五次考察冬奥筹办，习近平驻足了解这些科技亮点［EB/OL］．（2022-01-06）［2023-12-07］．https：//wenhui.whb.cn/third/baidu/202201/07/442953.html．

[②] 习近平：中国冰雪运动必须走科技创新之路［EB/OL］．（2021-01-20）［2023-12-07］．https：//wenhui.whb.cn/third/baidu/202201/07/442953.html．

智慧服务、转播服务、人工智能和其他技术等方面开展新技术成果展示应用。部分项目得到了科技部、北京市科委、河北省科技厅支持。

近年来，连续几届奥运会都非常重视科技的应用与创新。2018年平昌冬奥会提出了"信息通信技术奥运（Information & Communication Technology OLYMPIC，ICT奥运）"的口号，抢先推出第五代移动通信技术（5th-Generation Mobile Communication Technology，5G），并进行了同步观赛、360°虚拟现实（Virtual Reality，VR）直播和互动时间切片3个场景应用示范；2020年东京奥运会，提出"氢能社会"，在推广应用自动驾驶、机器人等技术的同时，凸显"氢能"的环保理念；2022年北京冬奥会在科技奥运的基础上提出了科技冬奥，结合技术发展的趋势及奥运对城市发展的促进作用，科技冬奥聚焦在"智能新时代"，凸显未来城市生活的智慧和便捷。

由此可见，在历届奥运会中科技都扮演着重要角色。科技与奥运的发展相辅相成，形成你中有我、我中有你的态势，科技奥运已经成为一种不可分割的常态化趋势。科技成果应用于奥运会和体育运动的进程大大加快；科技应用领域越来越广、种类越来越多；由无意识、被动科技应用，到主动探索应用场景、主动研发。

科技奥运的本质是奥运与科技的互动，"科技助奥运、奥运促发展"。奥运与科技的互动促进了奥运科技化和科技奥运化，形成了稳定的奥运科技体系和科技创新的工程体系，进而推动了主办国家和城市的发展。厘清奥运与科技的互动机制，管理好奥运与科技的互动关系，发挥好科技对奥运的助力作用和奥运对科技创新的促进作用，对于社会经济发展至关重要。

目前，要厘清奥运与科技的互动机制需要解决的问题有：
①奥运与科技互动发展的理论基础；
②历届奥运会与科技互动的整体发展历程及呈现的特点；
③历届奥运会在具体实践中是如何与科技互动发展的；
④面向未来的奥运与科技互动发展的趋势。

上述4个方面的问题是解决奥运与科技互动发展必须要回答的核心问题。通过总结奥运与科技的互动机制，发现科技与社会之间的互动关系，可以为下一步科技进步更好地应用于社会、促进社会发展提供依据，具有重要意义。

（二）研究意义

1. 具有较高的学术价值

本研究通过对历届奥运会科技应用及奥运与科技互动关系的研究，揭示科技奥运的互动规律，形成奥运与科技互动发展的理论框架，进而深化奥运与科技基础理论研究，促进相关研究方向的发展，丰富和完善科技在奥林匹克思想体系中的地位和作用。

2. 具有较强的现实意义

本研究将为以后的奥运等大型体育赛事活动的科技应用提供理论依据和实践指导，具体包括科技需求认知、科技研发、科技应用和管理方面的指导，从而更好地打造奥运与科技互动发展盛宴，实现"科技助奥运、奥运促科技"互动关系。

本研究有助于相关管理人员掌握科技奥运工作中存在的问题和改进目标、任务、方式等，为我国在举办奥运等大型体育赛事活动中如何加强科技的应用提供经验借鉴；有助于提高相关人员管理科技奥运的整体能力，促进奥运与科技的良性互动发展。

作为助力北京 2022 年冬奥会科技应用的一项理论研究性和实践总结性成果，为北京 2022 年冬奥会"以史为镜"打造科技亮点、凸显特色宣传提供素材，从而更好地以先进科技传播奥运精神、展示中国发展与奥林匹克运动的携手共进，展现我国先进技术领域和相应产业发展上的不俗实力，输出我国的经济和文化影响力。

二、研究现状及文献综述

以"Olympi*""Competitive Sports""Technology""High-Tech""Interaction""relation"，以及"奥运/竞技体育""科技/技术/科学技术""互动/关系/历程/应用/运用/促进/推动/发展/契合/助力/影响/理念"等关键词制定检索策略分别在 Web of Science、CNKI 文献库检索，对检索结果进行分析可以发现国内外已就奥运与科技互动的发展进行了一些有益探索。

（一）国外

国外关于奥运与科技互动发展相关研究的文献较少，国外学者的相关研究大多集中在以下几个方面：①对某届奥运会期间特定科技的研发和运用的介绍，占比较大。例如，Komarova 等[1]和 Kiktev D B 等[2]论述了 2014 年索契冬奥会雪橇、骨架和雪橇轨道综合体建筑设施的改进方法和气象支持预报技术的开发情况；Strinati E C 等[3]和 Marko E L 等[4]介绍了 2018 年平昌冬奥会的 5G 和毫米波通信技术的解决方案和性能，Leonhardt P[5] 研究了 2012 年伦敦奥运会的 Wi-Fi 解决方案。②科技与奥运的相互影响：在奥运对于技术的影响方面，Haake S[6] 提出现代技术在为奥运会发展提供大力支持的同时自身也获得了快速的发展；在科技对奥运传播和大众参与的作用方面，Kwon K 等[7] 提出大数据和先进的广播技术提高了观众观看满意度和评论意图，Irving J 等[8] 提出 3D, Super Hi Vision, Web distribution and large-scale IT solutions 等技术创新能使观众比以往更深入地参与奥林匹克运动；在技术对奥运会赛场表现作用方面，

---

[1] KOMAROVA, MARIYA. World bobsleigh tracks: from geometry to the architecture of sports facilities [J]. Nexus network journal, 2017, 20 (1): 235-249.
[2] KIKTEV D B, ASTAKHOVA E D, ZARIPOV R B, et al. FROST-2014 project and meteorological support of the Sochi-2014 Olympics [J]. Russian meteorology and hydrology, 2015, 40 (8): 504-512.
[3] STRINATI E C, MUECK M, CLEMENTE A, et al. 5G CHAMPION-disruptive 5G technologies for roll-out in 2018 [J]. Etri journal, 2018, 40 (1): 10-25.
[4] MARKO E L, GIUSEPPE D, OLLI K, et al. 28 GHz wireless backhaul transceiver characterization and radio link budget [J]. Etri journal, 2018, 40 (1): 89-100.
[5] LEONHARDT P. Wireless at the "connected games": how the London 2012 Olympic and Paralympic Games utilized the latest Wi-Fi technology [J]. Journal of telecommunications & information technology, 2013 (1): 5-10.
[6] HAAKE S. Physics, technology and the Olympics [J]. Physics world, 2000, 13 (9): 29-32.
[7] KWON K, CHOI D. The influence of developing big data and broadcasting technology on Winter Olympic viewer [J]. Korean society of sport policy, 2015, 13 (4): 257-269.
[8] IRVING J, DONEUX L, TSUYUZAKI E, et al. Turning Olympic games spectators into participants: broadcast tools & technology of London 2012 [EB/OL]. [2023-12-07]. http://apps.webofknowledge.com/full_record.do?product=UA&search_mode=AdvancedSearch&qid=1&SID=6AZYDpsl4CcCRxLKqw7&page=1&doc=29&cacheurlFromRightClick=no.

Steve J H[①]通过分析100 m短跑、撑竿跳高、标枪和自行车4项运动的性能统计数据,指出技术能改进这些赛事的整体运动水平;除这些积极影响外,也有学者指出了技术对奥林匹克运动的消极影响,如Kim S等[②]就提出了疑问,积极引入和利用尖端信息和通信技术的平昌奥运会是否意外地淡化了奥运会的关键要素——运动的价值?指出这种变化可能意味着奥林匹克运动正面临危机。③从历史分析角度开展特定奥运技术趋势、价值研究。例如,Barbara P等[③]就通过历史回溯研究了奥运会越野滑雪运动员生物力学设备的发展变化和未来趋势;Luisa V等[④]回顾了1992—2016年历届奥运会社交网络的价值创造。④关于奥运科技产业化发展的探讨。例如,David B[⑤]阐述了现代奥运高新技术鲜明的产业化特征,Fores F H[⑥]则讨论了基于奥运和体育需求的以工业设计和生产为基础的科技产业化基本问题。

(二)国内

因北京2008年奥运会以科技奥运作为理念,国内一些学者对科技奥运理念的内涵、价值、特征等展开了研究,关于科技与奥运二者互动发展的相关研究成果相较国外丰富,其主要研究点包括:①特定奥运科技的历史性演变研究,

---

① STEVE J H. The impact of technology on sporting performance in Olympic sports [J]. Journal of sports sciences, 2009, 27 (13): 1421–1431.
② KIM S, SHIN H, JEON C. PyeongChang Winter Olympics and the crisis of movement: how robots, 5G networks, and virtual reality technology challenge the authenticity of human movement [J]. Philosophy of movement: journal of the Korean society for the philosophy of sport, dance & martial arts, 2018, 26 (4): 67–85.
③ BARBARA P, LEONHARD S T, HANS–CHRISTER H. Developments in the biomechanics and equipment of Olympic cross–country skiers [J]. Frontiers in physiology, 2018, 9: 976.
④ LUISA V, GIUSEPPE P, MARIA F. Mega sporting events and technology: the role of social networks in co–creating value for the Olympic Games [C]. International Conference on Exploring Services Science, 2017.
⑤ DAVID B. High–tech olympians [J]. Technology review, 1993, 96 (1): 22–30.
⑥ FROES F H. Is the use of advanced materials in sports equipment unethical [J]. Journal of the minerals, metals & materials society, 1997, 49 (2): 15–19.

如奥运会体育场馆建筑科技的发展历程和特征[①②],奥运会媒体服务操作系统的历史演变阶段与影响因素[③],运动训练中可穿戴设备的发展历程和分类[④]。②科技奥运理念的解读分析,包括对科技奥运理念提出过程、任务、目标的分析整理[⑤],对科技奥运本质与特征的论述[⑥]、科技奥运实现路径解析[⑦]、科技奥运理念人文价值分析[⑧]、科技奥运理念的落实情况[⑨]、科技奥运的产业带动问题[⑩⑪]与机制[⑫]等。其中,董传升[⑬⑭]从科技哲学的STS(Science, Technology and Society)视角讨论科技奥运的理念内涵、实现方式、现实转化机制及由理念到国家战略和模式的演变,指出"科技奥运表明了科技与社会的互动关系,更显现了在技术时代中科技对当今社会发展(包括奥运发展)所起到的巨大影响作用,甚至是决定性的作用""科技奥运是一个具有双效互动机制的特殊理念"。吕红梅[⑮]提出了"现代奥运会科技理念是对待科学技术总的看法和基本观念,现代奥运会与科学技术的'和谐互动'构成现代奥运会科技理念的核心"。

---

① 姜艳.2008年北京奥运会体育场馆设计评析与借鉴[D].上海:同济大学,2009.
② 任磊.百年奥运建筑[D].上海:同济大学,2006.
③ 范帆.奥运会媒体服务的历史演变研究[D].北京:北京体育大学,2009.
④ 李海鹏,陈小平,何卫,等.科技助力竞技体育:运动训练中可穿戴设备的应用与发展[J].成都体育学院学报,2020,46(3):19-25.
⑤ 范伯元.科技奥运[M].北京:北京科学技术出版社,2001.
⑥ 王玲.论科技奥运的本质与特征[J].理论界,2008(8):6-7.
⑦ 董传升.实现科技奥运的三条路径[J].沈阳体育学院学报,2008(4):19-22,31.
⑧ 黄彬,王爱萍.科技奥运理念的现代人文价值旨归[J].江苏教育学院学报(自然科学版),2009,26(1):115-117.
⑨ 黄鲁成,娄岩,吴菲菲."科技奥运"理念及其实施[J].中国科技论坛,2007(5):90-93.
⑩ 赵弘,孙芸,刘宪杰.基于产业竞争力视角的科技奥运带动产业发展研究[J].经济与管理研究,2009(10):37-42.
⑪ 董传升,邢怀滨,王健.科技奥运推动我国科技产业化的三个关键问题[J].科学学研究,2007(2):250-254.
⑫ 赵弘,刘宪杰,孙芸.科技奥运建设不同阶段带动产业发展分析[J].世界科技研究与发展,2009,31(1):187-189.
⑬ 董传升.STS视角下论科技奥运理念的现实化问题[J].科学学研究,2006(S2):377-381.
⑭ 董传升.基于STS的科技奥运模式研究[J].体育科学,2008(6):16-19,77.
⑮ 吕红梅.现代奥运会科技理念的研究[D].北京:北京体育大学,2007.

③奥运与科技的互动关系研究方面，王玲[1][2]通过对奥运历史进程中现代技术角色演变的考证论证了科技与奥运的契合历程，指出二者已形成了一种共生的契合体，具备科技应用不断加速、科技全面嵌入、科技应用种类越来越多、奥运成为科技发展新的引擎四大契合特点；吴玉新等[3]指出二者的契合是在技术理性与体育理性契合的基础上，在外部动因——功利性契合和内部动因——价值契合的双重作用下完成的，解决民生的基本问题是二者契合的价值目标；有的学者仅就科技与奥运的单向关系展开论述，如杜利军[4]论述了科技奥运的科技需求，赵宗跃等[5]指出科学技术对体育的器物层次、制度层次和价值观念层次产生作用；也有学者拓展探析了科技革命与奥运[6]的关系，肯定了科技与体育的双向驱动。④科技奥运的发展困境。尽管国内学者对于奥运与科技的契合、科技助力奥运和奥运会正在成为促进科学技术开发和技术创新的动力源[7]已基本达成共识，但不少学者重点论述了科技发展之于奥运的发展困境，指出奥运高新技术的追求引发了人主体地位弱化、奥运精神（公平）缺失、竞技价值异化[8][9]等问题。⑤奥运科技创新特点和动力研究。例如，对奥运科技集群创新特征与系统循环规律[10]、奥运科技集群创新动力机制[11]的探索。⑥奥运科技成果的发展与评估理论探索。在这方

---

[1] 王玲.科技与奥运契合过程及特征的历史解析[J].东北大学学报(社会科学版)，2008，10(3)：205-210.
[2] 王玲.论科技与奥运的契合[D].沈阳：东北大学，2008.
[3] 吴玉新，董传升.科技与奥运的契合及其价值传播问题研究[J].沈阳体育学院学报，2010，29(2)：25-29.
[4] 杜利军.科技奥运及其科技需求[J].中国科技产业，2002(8)：49-51.
[5] 赵宗跃，韩雪.百年科技对现代奥运会发展的张力[J].天津体育学院学报，2004(4)：18-20.
[6] 李亚琦.科技革命与奥林匹克运动的影响关系研究[J].福建体育科技，2019，38(6)：20-23.
[7] 荆雷，朱东华，郭颖.奥运与科技的互动关系及产业融合[J].商业时代，2007(20)：94-95.
[8] 张文良.从奥运会的兴奋剂问题看体育发展带来的技术异化[D].北京：中国人民大学，2005.
[9] 徐成立.科技时代现代奥林匹克运动的发展困境与超越[D].福州：福建师范大学，2009.
[10] 刘凤婷，任保国.北京奥运科技集群创新特征与系统循环研究[J].商丘师范学院学报，2009，25(9)：133-137.
[11] 张勇.基于生态学的奥运科技集群创新动力机制研究[D].北京：北京工业大学，2008.

面，胡望斌等[①]以悉尼2000年奥运会为例，对奥运科技分析与评估的研究方法进行了探讨，包彦婷等[②]构建了奥运科技领域的事前评价框架，郭颖等[③]构建了科技奥运投入产出体系结构；王琪[④]试图通过奥运技术相关专利计量分析探析科技奥运的发展特征，吴菲菲等[⑤]总结了2008年奥运科技成果的应用状况，分析了奥运科技成果转化对策。

在国内外众多研究中，明确对奥运与科技互动发展历程划分的相关研究较少，其中具有代表性的是董传升、王玲的研究。董传升[⑥]依据技术角色变化情况将现代技术在奥运会上的应用史划分为技术辅助时期（第1～4届，1896—1908年）、技术支持时期（第5～19届，1912—1968年）、技术依赖时期（第20届至今，1972年至今），并指出各阶段的特点：技术辅助时期二者关系较冷淡，奥运多是对建筑技术等一般性技术的借用；技术支持时期尖端技术的广泛应用为奥运的发展提供了巨大动力，突出特点为电子测距技术、传媒技术的使用；技术依赖时期，除场地、设施、装备等领域外，技术开始在运动训练、比赛等方面显现威力，奥运与技术整合成为一体。王玲[⑦]在分析奥运与科技契合关系时，将科技与奥运的契合进程划分为4个阶段：科技与奥运契合的萌发阶段（第1～4届），奥运初步发展，奥运借用科技、技术的辅助者角色；科技与奥运初步契合阶段（第5～19届），科技的巨大推力和奥运高涨的需求契合、奥运快速发展与技术的支持者角色；科技与奥运契合的完成阶段（第20～26届，1972—1996年），科技全方位嵌入奥运，科技奥运概念出现；

---

① 胡望斌，朱东华，汪雪锋.基于技术监测理论的奥运科技分析与评估方法研究及应用[J].中国软科学，2004（12）：131-137.

② 包彦婷，朱东华，胡望斌.奥运科技评价方法研究[J].科技进步与对策，2006（2）：131-133.

③ 郭颖，苏源，朱东华.面向科技奥运的投入产出体系结构研究[J].科技管理研究，2008（9）：27-30.

④ 王琪.科技奥运的实证解读：以奥运技术相关专利为例[J].沈阳体育学院学报，2013，32（1）：26-31.

⑤ 吴菲菲，赵志华，黄鲁成，等.奥运科技成果应用及转化分析[J].技术经济，2011，30（2）：36-41，101.

⑥ 董传升."科技奥运"的困境与消解[D].沈阳：东北大学，2004.

⑦ 王玲.论科技与奥运的契合[D].沈阳：东北大学，2008.

科技与奥运契合的深化阶段（第 27 届至今，2000 年至今），科技奥运由口号向理念、国家战略转向。董传升和王玲的研究一脉相承，后者在前者的基础上，从科技奥运理念深化发展的角度，将"技术依赖时期"进行了再划分，也对奥运需求与科技推力之间互动作用的历史原因、过程、特点做了一定分析。

总体来看，国内外关于奥运与科技互动发展方面已进行了一些特定领域的奥运科技的历史性回溯和演变的研究，在科技助奥运、奥运促科技、奥运科技异化等方面，也取得了一定的共识。由于科技奥运理念的提出与推广，国内学者对奥运与科技互动发展的理论研究较国外深入，对二者双效互动关系、奥运科技创新的特点、动力机制等均有所涉及，也有具有代表性的奥运与科技互动发展历程的划分，但在奥运与科技互动的规律与趋势，奥运与科技互动发展历程划分的理论支撑研究、历程分期标准依据的深度理性剖析等方面，尚有可进一步深入拓展研究的空间。

三、概念界定

（一）奥运与科技互动发展的界定

奥运与科技互动发展是指奥运与科技为了满足双方发展需要而发生的，以奥运主体和科技主体之间的供求关系而形成的由小到大、由简到繁、由低级到高级的运动变化过程。奥运与科技互动发展的结果是在奥运会上应用的科技成果。可以从以下几方面理解：

①尽管奥运与科技的互动发展是一种社会互动过程，但是这种互动比一般的社会互动更为复杂。

②奥运与科技的互动发展可以从以下两个方面来看：一方面，从技术本身发展的逻辑过程看，不论应用在社会的任何一个领域，技术从构想到研发再到社会化应用是一种必然的结果，如应用在奥运体育事业中，或者在其他领域；另一方面，社会不同领域对技术的需要也是对技术的一种选择，总体来看，社会是离不开技术的，但是对于奥运体育事业来说具体需要哪一类技术是需要做出具体选择和提出具体需求的。

③奥运与科技的互动发展是一种特殊的社会互动，这种互动包含一定的技术选择性（对技术的选择）。双方都是通过技术或以技术为中介进行互动的，但是互动主体是技术的提供者和奥运体育技术的需求者。

（二）奥运与科技互动发展历程的界定

历程即经历过的事情，是指事物发展所经历的程序或者一系列的步骤、阶段。在管理学中，历程是指利用输入实现预期结果的相互关联或相互影响的一组活动。

奥运与科技互动发展历程是指基于奥运主体和科技主体之间的供求关系而产生的，由一系列活动组成的过程。也就是指推动奥运会应用科技成果的全部过程。具体包括技术需求的提出、技术方案的策划实现和技术成果的产生及其在奥运会的应用。

（三）奥运与科技互动发展实践的界定

现代奥运会中科技与奥运两者之间的基本关系是：科学技术是展现和传播奥林匹克精神的工具与载体，科技为奥运会提供保障作用、发挥促进作用；奥运会促进科学技术的不断发展。科技奥运就是通过社会化和全球化运作，吸收和利用世界范围内的科技成就，全方位、全过程、最大限度地提高奥运会场景活动的科技含量，以科学态度组织奥运、以先进技术支撑奥运、以创新精神传承奥运①。奥运与科技互动发展实践由两个方面组成：一方面用科技使奥运会更成功，水平更高；另一方面用奥运带动科技创新应用和迭代升级。现代奥运会中科技与奥运两者之间的互动实践，主要表现在奥运技术和奥运场景的互动。

（四）奥运与科技互动发展趋势的界定

趋势是指事物发展的动向。如果将奥运与科技互动发展看作一种社会互动过程，那么，奥运与科技互动发展的趋势就是指未来奥运主体与科技主体之间

---

① 黄鲁成，娄岩，吴菲菲."科技奥运"理念及其实施［J］.中国科技论坛，2007（5）：90-93.

供求关系、技术选择及技术成果产出与应用的整体发展动向。奥运与科技互动发展趋势的外在表现于两个方面：一是科技在奥运场景下创新应用演进的整体态势；二是奥运科技对奥运本身影响与改造的整体特征。

四、研究框架

（一）研究内容

本研究拟解决的核心问题是研究和揭示奥运与科技互动发展的规律。搞清楚这种规律在奥运与科技互动发展中到底是如何体现及如何发挥作用的，这是本研究最大的难点和拟解决的核心问题。针对这些问题拟开展的主要研究内容包括以下 4 个部分。

1. 奥运与科技互动发展的理论研究

一是研究奥运与科技互动发展的内涵、类型与特性；二是研究奥运与科技互动发展的基本理论；三是研究奥运与科技互动发展的作用机制和影响途径；四是分别从互动发展的向度、深度、广度、频度和强度分析总结每一阶段奥运与科技互动发展的特点。

2. 奥运与科技互动发展的历程研究

该部分首先阐述历史分期的依据及标准，然后重点梳理历届奥运会（1896 年第 1 届奥运会开始的共 32 届夏季奥运会和 23 届冬季奥运会）与科技互动发展的历史进程，并对奥运与科技互动发展的历程进行阶段划分，具体包括搜集历届奥运会相关文献资料，梳理分析每一届奥运会的科技应用情况及举办国当时的技术发展情况等；对每一阶段奥运与科技互动发展的具体历程进行基本描述。

3. 奥运与科技互动发展的实践研究

该部分结合典型案例重点分析北京冬奥场景与科技互动实践——科技对奥运发展的推动作用，以及奥运对科技创新的拉动作用；从 5 个方面对北京冬奥与科技互动实践经验进行了总结。

4. 奥运与科技互动发展的趋势展望

本部分基于前面章节的相关研究，着重从科学技术、产业与经济、组织与管理三大视角对奥运与科技互动发展的未来趋势给出前瞻性研判。首先，通过对奥运与科技互动需求、技术演进、应用场景等方面的综合分析，提出未来奥运与科技互动的六大趋势特征；其次，从产业与经济带动视角对未来奥运科技与产业经济互动发展的融合程度、相互影响方式、影响范围给出研判；最后，从可持续发展管理、协同研发、产研融合3个方面，思考未来奥运与科技互动发展实现过程中的关键组织与管理命题。

（二）研究思路

本研究的总体思路是：首先，运用文献分析法、综合归纳法对奥运与科技互动发展的内涵、类型和特性进行分析界定，运用系统综合集成方法论等阐述奥运与科技互动发展的理论，进而分析奥运与科技互动发展的作用机制、影响途径和特点；其次，运用历史研究方法、文献分析法、系统分析法，基于历届奥运会科技应用材料的搜集分析，开展奥运与科技互动发展的历程研究；再次，运用案例研究法、文献分析法对科技奥运实践开展研究，总结北京冬奥与科技互动实践的经验；最后，运用情景分析法、愿景分析法、系统分析法等，对未来奥运与科技互动发展的趋势做出研判。

（三）研究方法与技术路线

本研究采用的研究方法主要有历史研究法、文献分析法、系统分析法、案例分析法、情景（愿景）分析法、统计分析法、综合归纳法等。

1. 历史研究法

本研究中的"奥运与科技互动发展历程"部分属于奥运史研究的领域，历史研究法自然是本研究的主要研究方法。

（1）历史研究法概述

梁启超在《中国历史研究法》中认为历史研究法就是"求得真事实，予以新意义、予以新价值，供吾人活动之资鉴"。

对于如何求得真事实，梁启超提出了5种方法：①钩沉法。重新寻出已经沉没了的事实；②正误法。改正前人记错了的事实；③新注意。对前人所不注意的事情要追根究底以寻求更多新事实，赋予更多新意义；④搜集排比法。将历史上独立的、散落零乱的事情排列起来分析，以发现新的意义；⑤联络法。将历史上没有明显相关性的事情从时间轴上通盘联系起来认真研究，以发现新的意义。①

对于予以新意义，梁启超指出所谓予以新意义，有几种解释。或者从前的活动本来很有意义，后人没有觉察出来，须得把它从新复活。或者从前的活动被后人看错了，须得把它从新改正。还有一种，本来的活动完全没有意义，经过多少年以后忽然看出意义来了。总括起来说，就是要把种种无意义的事实追求出一个新意义，本来有意义而看错了的予以改正，本有意义而没有觉察出来的看出来。

对于予以新价值，梁启超指出所谓予以新价值，就是把过去的事实从新估价。价值有两种：有一时的价值，过时而价顿减；有永久的价值，时间愈久，价值愈见增加。研究历史的人，两种都得注意，不可有所忽视。总括起来说，就是从前有价值现在无价值的，不要把它轻易抹杀了；从前无价值现在有价值的，不要把它轻易放过了。

对于供吾人活动之资鉴，梁启超指出新意义与新价值之解释既明，兹再进而研究供吾人活动之资鉴。所谓活动，亦有两种解释，即社会活动方面与个人活动方面。研究两个方面的活动，都要求出一种用处。

本研究将尽力遵循历史研究的规范，通过对历届奥运会科技应用发展史料的收集、梳理、分析，厘清奥运与科技互动发展的史实，赋予它们以新的意义和价值，即通过史料、史实的研究，揭示奥运与科技互动发展的历程，总结奥运与科技互动发展的特点，并探讨奥运与科技互动发展的历程及特点，给予当今奥运等大型体育赛事活动以启示。

（2）史学史分期理论与方法

对历史时期进行阶段性划分是研究历史的一项基础性工作，也是历史研究的基本方法。除了上面提到的最基础的历史研究法以外，本研究还运用史学史的分期方法。关于史学史的分期方法的研究主要有张世飞的《试析"一问题为

---

① 梁启超．中国历史研究法［M］．上海：上海古籍出版社，1998．

中心"的历史研究理路——以国史分期理论为例》和张越的《中国史学史分期问题综述》。

张世飞在《试析"一问题为中心"的历史研究理路——以国史分期理论为例》一文中从10个方面介绍了国史分期理论的科学体系。他提出历史分期是从历史过程的不同时期或阶段之间质的差别中，发现历史发展的特点，揭示历史变化的规律。①历史分期要以马克思主义唯物史观为指导，做到历史与逻辑的统一。历史分期应把握"宜粗不宜细"的原则、适用性与不适用性原则、灵活性原则。确定历史分期的根本依据是社会实践的发展。研究历史分期要考虑3个要素：分期主体、分期客体和分期依据。对历史进行分期，可根据不同的研究需要，按照不同的依据和标准，做出不同的划分。标志是分期依据的外在表现，是标明依据具有某种特征的标识。历史分期具有起点和止点。历史分期应该结合历史发展的实际进行。②

张越在《中国史学史分期问题综述》中提出5种史学史的分期标准：一是以史书、史家等因素为依据，以不同朝代的兴替为分期标准。这是早期较为普遍的分期法。采用这种分期标准的史学史著作，由于对史书、史家等方面做了较有功力的阐述，为早期的史学史研究打下了很好的基础。二是以史学自身的发展进程作为分期标准。目的是能够反映出史学从发生到发展以致转变的全过程。这样的分期标准是用发展的眼光来看待史学史，更多地显现了史学自身发展过程的完整性。采用这个分期标准，应多注意史学发展的多样性和与社会史的密切联系等方面。三是以史学本身在其发展过程中所形成的特点作为分期标准，这种分期标准多反映出研究者个人所侧重的着眼点，却难能更加完整全面地表现史学史的发展过程。四是以社会形态的演变作为分期标准。这种有层次的分期方法，既表现了历史对史学的影响，又考虑到了史学自身的发展特点，很从容地把史学史本身的分期结合进社会形态的发展中。五是以综合考察史学史的多方面因素作为分期标准。③

---

① 张世飞.试析"以问题为中心"的历史研究理路：以国史分期理论为例[J].求索，2008（2）：204-207.
② 同①。
③ 张越.中国史学史分期问题综述[J].史学史研究，1989（3）：76-82.

本研究中的奥运与科技互动发展历程部分，为了反映出奥运与科技互动从发生到发展的全过程，将遵照国史分期理论的科学体系，以奥运与科技互动发展史学自身的发展进程作为主要的分期标准进行研究，从奥运与科技互动发展的不同时期、不同阶段之间质的差别中，发现奥运与科技互动发展的特点，揭示奥运与科技互动发展变化的规律。

2. 文献分析法

文献分析法是通过阅读、分析、整理有关文献来全面地掌握所要研究问题的研究方法。文献分析法也是历史研究常用的方法。本研究中的奥运与科技互动发展历程研究部分属于奥运史研究的领域，但作为历史研究，文献的查阅不能只限于本届奥运会或者近几届奥运会，需要尽可能多地查阅历届奥运会与科技应用有关的资料，在此基础上最大限度地再现历史并对它做出解释。正如在有关概念及范围的界定中所指出的，本研究中的奥运是指历届正式奥运会，包括冬季奥运会和夏季奥运会。因此，在本研究中主要查阅了第1~32届夏季奥运会（1896年希腊雅典奥运会至2020年日本东京奥运会），以及第1~24届冬季奥运会（1924年法国夏蒙尼冬季奥运会至2022年中国北京冬季奥运会）的文献资料（表1-1）。虽然研究团队尽最大努力一点一滴地收集、整理文献资料，但终因目力所限及资料收集本身的困难无法穷尽所有史料，这是本研究非常遗憾的事情。

表1-1 历届现代奥运会年份及举办城市

夏季奥运会			冬季奥运会		
届次	年份	国别城市	届次	年份	国别城市
第1届	1896	希腊雅典	第1届	1924	法国夏蒙尼
第2届	1900	法国巴黎	第2届	1928	瑞士圣莫里茨
第3届	1904	美国圣路易斯	第3届	1932	美国普莱西德湖
第4届	1908	英国伦敦	第4届	1936	德国加米施-帕滕基兴
第5届	1912	瑞典斯德哥尔摩	第5届	1948	瑞士圣莫里茨
第6届		因第一次世界大战停办	第6届	1952	挪威奥斯陆

续表

夏季奥运会			冬季奥运会		
届次	年份	国别城市	届次	年份	国别城市
第7届	1920	比利时安特卫普	第7届	1956	意大利科蒂纳丹佩佐
第8届	1924	法国巴黎	第8届	1960	美国斯阔谷
第9届	1928	荷兰阿姆斯特丹	第9届	1964	奥地利因斯布鲁克
第10届	1932	美国洛杉矶	第10届	1968	法国格勒诺布尔
第11届	1936	德国柏林	第11届	1972	日本札幌
第12届		因第二次世界大战停办	第12届	1976	奥地利因斯布鲁克
第13届		因第二次世界大战停办	第13届	1980	美国普莱西德湖
第14届	1948	英国伦敦	第14届	1984	南斯拉夫萨拉热窝
第15届	1952	芬兰赫尔辛基	第15届	1988	加拿大卡尔加里
第16届	1956	澳大利亚墨尔本	第16届	1992	法国阿尔贝维尔
第17届	1960	意大利罗马	第17届	1994	挪威利勒哈默尔
第18届	1964	日本东京	第18届	1998	日本长野
第19届	1968	墨西哥城	第19届	2002	美国盐湖城
第20届	1972	德国慕尼黑	第20届	2006	意大利都灵
第21届	1976	加拿大蒙特利尔	第21届	2010	加拿大温哥华
第22届	1980	苏联莫斯科	第22届	2014	俄罗斯索契
第23届	1984	美国洛杉矶	第23届	2018	韩国平昌
第24届	1988	韩国汉城	第24届	2022	中国北京、张家口
第25届	1992	西班牙巴塞罗那			
第26届	1996	美国亚特兰大			
第27届	2000	澳大利亚悉尼			
第28届	2004	希腊雅典			
第29届	2008	中国北京			
第30届	2012	英国伦敦			

续表

夏季奥运会			冬季奥运会		
届次	年份	国别城市	届次	年份	国别城市
第 31 届	2016	里约热内卢			
第 32 届	2020	日本东京			

在本研究奥运与科技互动发展历程部分中，查阅的文献内容、范围包括以下几个方面：历届奥运会的官方总结报告、相关学术著作、相关学术论文、相关媒体报道等信息。

历届奥运会的官方总结报告。研究团队在国际奥组委官方网站搜索下载了历届奥运会的总结报告，并进行了翻译。从历届奥运会的官方总结报告里可以发现一些技术应用的记录及效果的资料，但是相关资料记录并不全面，而且都是穿插在其他内容中，并没有专门的介绍。

相关学术著作。研究团队在课题研究过程中还购买了相关的学术论著作为参考文献。例如，董传升的《科技奥运的困境与消解》、王玲的《论科技与奥运的契合》、黄鲁成等的《奥运科技——我国科技产业新发展》、韩潇主编的《智慧体育》，以及郑也夫的《奥运会与世界杯》等著作。

相关学术论文。研究团队在中国学术期刊全文数据库进行相关文献检索。输入"奥运""科技"作为主题词或关键词，检索到近万篇相关学术论文，经过人工去重和删除不相关的文献后还剩下 402 篇论文。

相关媒体报道。研究团队在互联网上运用历届奥运会举办城市名称和"科技"或"技术"进行多语种组合检索，检索出上万篇媒体报道。

本研究尽可能在详细占有史料的基础上，把历届奥运会科技应用情况的发展置于当时的历史背景中，并结合当时奥运会的背景、科技（尤其是技术）发展背景和各时代背景进行分析、论述、评价，尽量避免停留在资料的堆砌、现象的描述上，力求客观地阐述奥运与科技互动发展的历程，对奥运与科技互动发展的特点得出客观的结论。本研究各部分中都不同程度地使用了文献分析法，从而使本研究能建立在前人的研究基础上。当然，查阅文献的工作是无止境的，受时间和能力所限，只能尽可能地搜集和查阅与本研究课题相关的一些文献。

3. 案例研究法

本研究主要运用案例研究法分析奥运与科技互动发展的典型情况，包括典型的奥运会、典型的奥运科技实践案例、典型的科技奥运理念案例等。奥运会是全世界罕见的大规模、高水平的体育赛事，高水平科技成果的创新、研发与应用，势必对训练、组织、管理、传播等方面起到推动作用。从办赛、参赛、观赛、安全和示范选择案例，全面展现开展现代冰雪运动所必备的科技支撑力量，展示我国冰雪科技领域取得的令人瞩目的创新成果及其应用。

4. 系统分析法

本研究主要运用系统分析法，分析奥运与科技互动发展的目标、要素、环境、资源和管理等，揭示奥运与科技互动发展的规律，预测未来奥运与科技互动发展的趋势。

5. 情景（愿景）分析法

情景分析法是战略预测研究中常用的方法之一。情景分析过程实质是来完成对事物所有可能的未来发展态势的描述，其结果包括三大部分内容，即未来可能发展态势的确认、各态势的特性及发生可能性的描述、各态势的发展路径分析[①]。奥运与科技互动发展趋势研究的主要目标是：对未来科技在奥运场景下创新应用及产业化的整体发展态势与特点，给出战略性判断与描述。情景分析法是一种定量与定性相融合的分析方法，其中所使用的技术方法手段大都来自其他相关学科，其本质是一种对未来研究的思维方法[②]。由于趋势研究属于未来研究，从互动视角下的奥运科技趋势研究几乎空白，因此，情景分析研究资料是各国政府或智库组织公开发布的有关前沿技术与奥运科技相关的趋势类研究报告，包括机构组织，如重点国家科技创新管理机构、国际奥林匹克委员会（简称"国际奥委会"）、奥运组委会及体育类组织等。此外，本研究还重点参考了2022年北京冬奥会科技冬奥专项实施过程中产生的相关一手数据，力求掌握奥运科技创新与应用的最新进展。本研究将机构报告资料中有关技术创新

---

① 宗蓓华. 战略预测中的情景分析法 [J]. 预测，1994（2）：50-51，55，74.
② 张学才，郭瑞雪. 情景分析方法综述 [J]. 理论月刊，2005（8）：127-128.

研发与应用趋势的判断类信息摘出，将这些信息置于参赛、办赛、观赛、安全防护等奥运与科技互动的若干情景中，通过对未来奥运需求、科技发展趋势的情景分析，并重点借助东京奥运会与北京冬奥会奥运科技创新与应用成效或总结类信息加以验证，最终对奥运与科技互动的趋势加以总结与凝练。

6. 统计分析法

本研究将运用统计分析法对奥运与科技互动发展历史进行研究，主要对历届奥运会的科技应用情况进行统计分析，为奥运与科技互动发展阶段划分提供依据。

7. 综合归纳法

本研究将运用综合归纳法研究奥运与科技互动发展的历史、奥运与科技互动发展的规律，把历届奥运需求要素、历届奥运会主办国家的科技发展要素、奥运与科技发展环境要素进行归纳整理，梳理出奥运与科技互动发展的历史阶段，总结出奥运与科技互动发展的规律。

（四）创新点

1. 研究视角创新

本研究的主要创新点是研究视角的创新。本研究通过梳理历届奥运会、北京冬奥会科技发展案例，从历史逻辑与现实逻辑统一的视角，开展奥运与科技互动发展的特征与规律研究。

2. 观点创新

①本研究在借鉴相关研究的基础上，结合奥运会本身发展历史、技术发展历史及科技奥运理念发展，将奥运与科技互动发展历程划分为互动萌芽期、互动发展期、互动提升期和互动融合期4个阶段。基于奥运与科技互动发展历程研究的基础上，从社会学互动维度，总结奥运与科技互动发展的趋势特点，分别是互动的向度：由被动单向度互动转为主动双向度互动；互动的深度：从奥运应用科技发展到奥运科技产业化；互动的广度：科技应用到奥运的领域范围越来越广；互动的频度：科技成果应用于奥运的进程越来越快。

②从互动结果视角，未来奥运与科技互动将朝着更智能、更低碳、更精

准、更沉浸、更安全、更包容的方向发展。

3. 研究方法创新

提炼总结 2022 年北京冬奥会与科技互动发展的经验启示。一是强化央地联动，充分发挥新型举国体制优势；二是强化利益设计，加强产学研合作和开放创新；三是强化需求导向，科技攻关和推广应用并重；四是强化场景思维，实现科技与奥运耦合发展。

第二篇
理论研究

第一章
奥运与科技的互动作用、类型和特性

一、奥运与科技的互动作用

科学技术迅猛发展，奥运辉煌薪火相传，科学技术对社会生活的改造逐步渗透至奥运领域。近年来，奥运与科技之间已然形成了一种互动关系，科技助奥运、奥运促科技，二者相互融合，密不可分。奥运与科技互动发展，其实质是科技对奥运的助推作用和奥运对科技需求拉动作用的有机统一，科技对奥运的助推作用表现为现代科技对奥运的深度嵌入，奥运对科技需求的拉动作用表现为依据奥运需求开展科技创新活动。

科技奥运这一组合词正是奥运与科技互动关系的体现，科技奥运概念的出现反映出国际上对奥运和科技的互动关系已经有了一定程度的认识。科技奥运一词最早出现于1972年的慕尼黑奥运会。2006年都灵冬奥会，组委会就科技应用对都灵冬奥会成功举办的保障性作用给予充分肯定。科技奥运是2008年北京奥运会的三大主题之一，科技奥运在北京奥运会中完成了理念化的转变，并进一步上升为国家战略。中国政府致力于将北京奥运会办成一届科技含量最高的体育盛会，把科学技术贯彻在运动成绩监测、奥运组织管理等方方面面，科技广泛而深入的应用最终使北京奥运会大获成功，科技奥运理念也由此对后世的体育竞赛产生了深远影响。科技对奥运的促进作用不言而喻，科技奥运一词的内涵包含了科技对奥运的改造作用，科技奥运是将科学技术全方位地嵌入奥运会当中，为奥运会的成功举办提供帮助和支持，采用先进的科技手段对日益庞大的奥运会进行科学管理，以促进奥运会高效、有序地进行，并保证竞赛

公平。可以说，科技是奥运未来的发展方向，是奥运魅力不减、延续传承的保障，也是对全人类共同发展进步的美好期待。

科技对奥运的助推作用，具体体现在以下4个方面。

①科技助力奥运训练。相较于中国的粗放型训练模式，欧美国家更早地认识到科学化训练对体育竞技成绩的重要作用。例如，科研、训练和保障（恢复、心理、营养等）"三位一体"的训练模式较早地为欧美国家所采用，随着中国国家科技实力的增长，国内奥运训练的科技化程度有了较大提升。近10年来在人工智能、大数据分析和可穿戴设备等新兴技术的强劲引领下，世界整体竞技训练的科学化水平出现了前所未有的迅猛发展，如今奥运成绩越来越与奥运训练的科学化程度紧密相连，奥运场上运动员之间的较量究其背后隐含的是国家之间科技实力的较量。

②科技助推奥运传播。古希腊奥运会的影响范围十分有限，现代奥运能够发展到如今的规模，其中媒体的争相报道功不可没。1936年柏林奥运会首次尝试电视转播。1948年伦敦奥运会是第1届有正式、系统的电视台与电台转播的奥运会。2012年伦敦奥运会，CNTV移动平台客户端用户增加至200万个，日均独立用户达216万个，日均视频访问量为1788万次，日均直播访问量为2147万次，在新浪微博上有1780万人次参与奥运话题讨论，讨论话题量近4亿次，IPTV点播次数达到惊人的6.1亿次。没有信息和通信技术的迅猛发展，奥运就不可能在世界范围内获得广泛关注，奥运也就无法真正发展成为规模宏大、影响深远的体育盛会。

③科技推动奥运相关产业发展。奥运举办对区域经济、相关产业发展具有带动作用，学术界提出了"奥运科技产业"这一概念，并将"奥运科技产业"的定义简单地归纳为服务于奥运的高新技术产业。随着科技与奥运契合程度的日益加深，奥运科技产业以奥运为契机，借奥运助力发展，产业中的企业在奥运中打响品牌知名度，塑造良好的品牌形象，奥运会结束后，产业产品进一步拓展市场，融入民众日常生活，并最终产生了产业价值链的层级带动和升级效应，对地区产业发展、产业结构调整和创新能力增强具有深远影响。奥运会的举办大大加快了技术推广应用的进程，2008年北京奥运会推动了全国高清电视产业的蓬勃发展，而2022年冬奥会也成了5G技术的发展风口。

④科技提高奥运组织管理水平，促进奥运文化发展。奥运组织管理十分烦琐，新冠疫情的暴发对奥运组织管理工作提出了更高的要求，举办一届秩序井然的奥运会离不开科技的支持。2020年东京奥运会推出了移动优化系统，在奥运场馆设置摄像机和传感器分析人流，在最合适的地方安排安保及其他工作人员，监测人体温，严格防控疫情。奥运会是世界范围内规模最大的和平庆典，文化项目作为推广和平社会和人类团结的符号，有助于鼓励全球团结协作，消除全球疫情造成的分歧，科技的运用对奥运文化发展起到极大的积极影响，科技促进奥运组织管理和文化发展的作用机制将在后文进行详细阐释。

奥运对科技需求的拉动作用主要表现在：首先，奥运为科技发展提供契机，奥运引起的高端需求成为科技发展的动力，为全球观众呈现一场高质量、精彩纷呈的奥运盛典，促使政府增加科技投入，根据世界大多数国家举办奥运会的经验，奥运能够推动区域科技创新能力和水平显著提高。其次，奥运吸引了来自全球的观众，奥运以其高话题度、高参与度成为互联网时代当之无愧的"顶流"，奥运会举办国通过在奥运会中嵌入科技元素向世界展示一国科技研发的最新成果，奥运会已经成为展示现代科学技术最新成果的橱窗，是一国展示其国家魅力和科技实力的国际舞台。最后，奥运会加快了科技成果推广应用的进程，大大提升了举办国的现代化水平，应奥运需求而生的科技发明并不会在奥运会之后销声匿迹，而是经由奥运会得到充分宣传，在市场机制的作用下被运用于更广泛的场景，并逐渐向科技商品化、产业化方向发展。

科技奥运一词既包括了科技对奥运的助推作用，又体现了奥运对科技积极的反作用，是在筹备奥运会的时间段内特殊的科技开发模式，是基于奥运需求的科技创新活动，是科技产业发展过程中的催化剂。广义上的科技奥运是我国相关政府部门主动采取的促进创新驱动发展的谋划部署，是一项特殊的科技和社会发展战略，能够激发全民的科技兴趣、提高国民的科学素养，有力地推动我国形成自主创新的良好氛围，帮助培养出具有国际竞争力的科技产业群。

奥运与科技的互动发展并不完全是良性的，现代科技的广泛应用对奥运精神的纯洁性造成了一定干扰，国外人文学者对科技奥运是否背离奥运初衷进行了深入思考。Zhang（2008）[①]认为现代奥林匹克运动从其兴起至今都与科技有着密切的联系，4年一次的奥运会是现代科技发展的剪影。为了促进奥林匹克运动的发展，现代奥林匹克运动在其发展初期就求助于科技，技术应用带来的利润促使人们在更大范围和更深层次上引进技术，最终形成对技术的依赖，"高科技奥运"的概念由此产生，并逐渐为大众接受。但在现代科技助力奥运发展的同时，现代奥林匹克运动也陷入了"技术异化"的困境。首先，技术的权威使人转变为"技术人"，导致人的主体地位的丧失；其次，技术本身已经成为决定结果的关键因素，来自落后国家运动员的积极性遭受打击，公平竞争的精神被破坏了；最后，技术强化了运动损伤程度，导致兴奋剂的普遍使用。Sigmund（1998）[②]以运动过程的量化记录为切入点，对技术异化问题提出了独到见解。现代体育的训练模式已经越来越显示出某些与流水线生产相同的特征，即注重结果忽视过程，为了在竞赛中取得更好的成绩，各国普遍采用数据量化体育训练过程，这导致了量化记录对人本身的控制，体育训练中严厉苛刻而又无处不在的"监视"与"控制"造成了"人的物化"，在科技广泛应用的现代奥林匹克运动中，人本身的精神似乎已经被科技的力量所替代，"奥林匹克精神被现代科技打败了"，这些量化的记录使得国与国之间的竞争也愈演愈烈，体育运动的记录不得不满足有关标准化条件和有关确切性测量性能的严格要求。在被现代科技全副武装的奥运会中，难以对运动员体育竞技的过程和结果做出价值判断，而这种价值判断的不明确必然会使人们对奥运会本身的意义产生怀疑。

在明晰奥运与科技互动内涵的基础上，本章按照以下脉络展开对奥运与科技互动发展理论的论述（图2-1）。

[①] QUN Z. Study on alienation of technology in hi-tech Olympics[D]. Northeastern University (People's Republic of China), 2008.
[②] LOLAND S. The record dilemma [C] //The Paideia Archive: Twentieth World Congress of Philosophy. 1998, 38: 17-25.

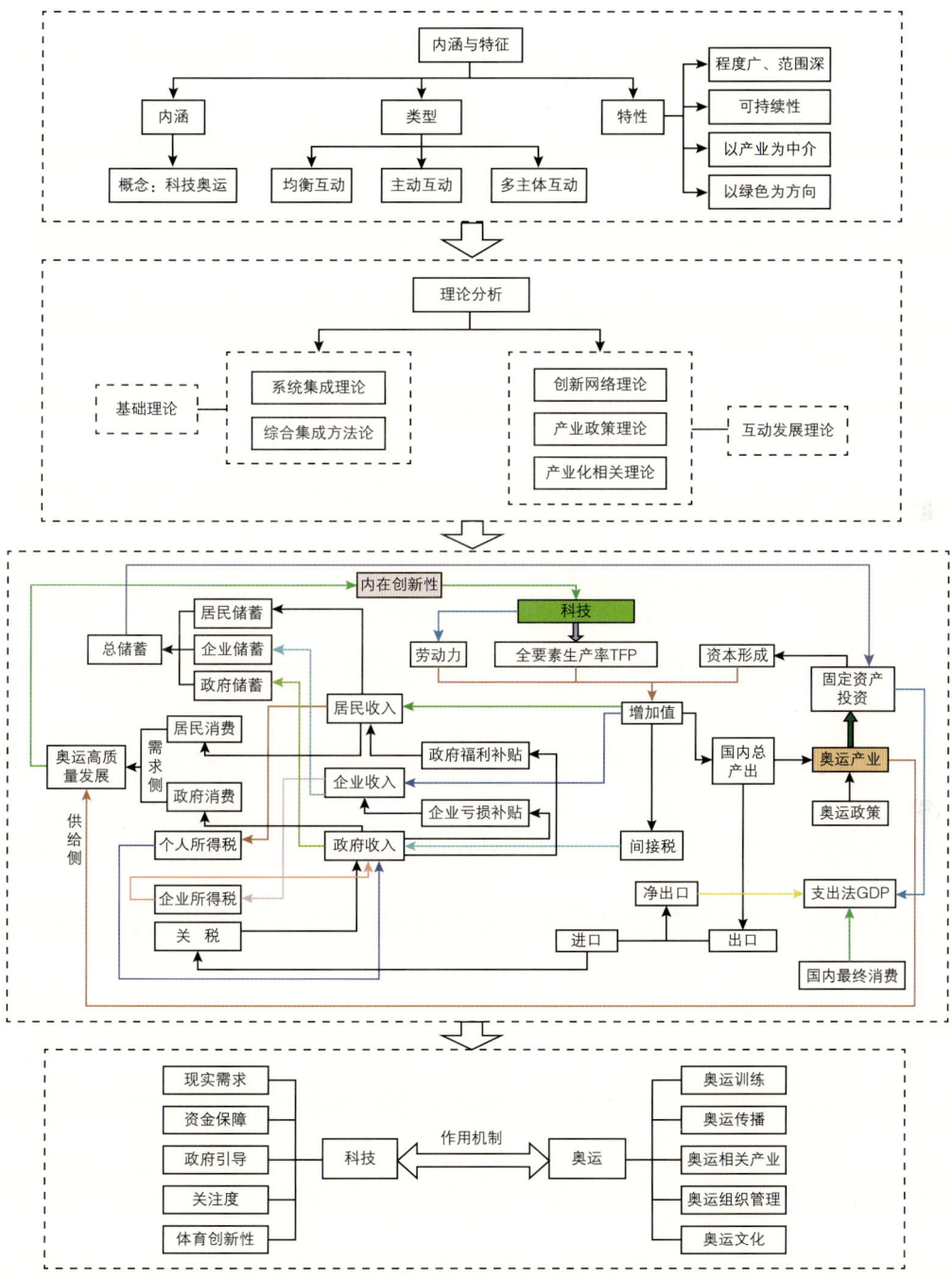

图 2-1 奥运与科技互动发展理论研究脉络

二、奥运与科技互动的类型

互动关系可分为几种不同类型，可以是齐头并进、无先后顺序的正相关关系，或是互为因果的辩证统一关系，而奥运与科技之间的互动类型则被认为是稳定的均衡互动关系，奥运为科技发展提供强劲需求，科技为奥运发展提供动力支持，不同于强制型互动或服从型互动，科技与奥运之间的互动关系是势均力敌、相互配合的，具有可持续的发展前景。

从互动关系动能的角度进行划分，可以将互动关系分为主动互动和被动互动。回顾奥运与科技互动的历史轨迹，可以看到，科技在奥运中的应用由一开始被借用的辅助角色，逐步转变为驱动力的角色，又更进一步地向被依赖者的角色转换。同样地，奥运对科技需求的拉动作用，由开始的无目的、无方向朝科技主动以奥运为发展契机转变，无论是科技对奥运还是奥运对科技的作用而言，双方的角色都发生了根本性变化，奥运与科技的互动发展已不再满足于以被动的方式展开，转而依据各自的需要积极主动地与对方互动融合来达到自身的目的。

从奥运与科技互动的主体来看，奥运与科技的互动类型属于多个体互动，这些个体可以大致归类为政府、企业和科研主体，多个个体构成奥运科技创新网络，这一网络具有明确的组织分工，个体在其中受到约束和规范，但是网络整体会形成超越个体的结构，实现个体所不具备的、无法实现的功能。

三、奥运与科技互动的特性

奥运与科技互动的第一个特性是范围广、程度深。回顾现代奥运100多年的发展历史，可以发现奥林匹克运动的发展与现代科技紧密相连且二者的互动程度不断加深。2008年北京奥运会实施应用的高新技术有1200多项，科技致力于满足奥运场馆建设、赛事组织、交通物流、赛事转播、大型活动、安全保障、信息服务、环境改善等方面的奥运需求，奥运涉及的技术领域以信息、通信技术领域为首，包括仪器、测量和测试、计算与控制、通信、电力工程、教育、密码及广告等若干领域，这些技术之间相互联系、相辅相成，形成众多交叉学科或中间地带，编织成一张巨大的奥运技术网络。奥运与科技互相嵌入的程度越来越深，现代奥运离不开现代科技的加持，现代科技几乎参与了奥运举办的每一个环节，奥运对科技的需求又反过来催生出一批奥运科技，近年来奥运开幕式"科技展示场"的意味也越来越明显。

奥运与科技互动的第二个特性是可持续性。回顾现代奥运100多年的发展历史，可以发现科技是奥运未来的发展方向，奥运是科技成果的展示平台，二者之间具有相互增进的良性互动关系。奥运会是世界上迄今为止规模最大的交流活动，巨大的组织规模不断增加了奥运对科学技术的依赖，历届奥运会承办国都不约而同地认识到科技对奥运的支持保障作用，因而广泛应用世界最新科技成果，使得奥运成为展示现代科技的展示平台。有理由认为，奥运与科技之间的这一良性互动关系具有可持续的发展前景，且二者之间的互动程度将随着科技的发展而不断加深。从更具一般性的角度讲，根据罗默在1983年提出的"新经济增长理论"中的观点，科技赋予任何事物以可持续发展的经济形态，对于经济的可持续发展而言，知识经济是一种新的经济发展形态，是世界经济发展的新模式，知识经济以高新技术和智力资源为基础，知识是土地、劳动、时间和其他不可再生资源的最终替代物，对于奥运的可持续发展而言，奥林匹克的格言是"更高、更快、更强"，运动员唯有遵循科学的训练方法，在现代科技的帮助下，才能不断突破人类身体机能的限制，使不断创造新的更好的世界纪录成为可追求的目标。现代体育与数字技术相结合，更大程度上促进了体育数字化转型。5G的延迟传输能力和AI推理训练技术通过精准分析乒乓球的运动轨迹和运动员的动作，进而能够制定对运动员的针对性加强训练；在"5G+4K"、"AI+8K"、人工智能动作捕捉、裸眼3D等技术的支持下，北京冬奥会带给全球人民一场奇幻的视听盛宴；奥林匹克转播云技术在提高带宽、降低延时的同时，极大地降低了转播成本，大数据存储和高带宽便于全球媒体工作者进行远程移动制作。数字技术为现代奥林匹克的发展带来了更多的可能性和更强的生命力。

以奥运科技产业为互动中介，具有明显的产业化特征。现代科技在推动奥运发展的同时，自身也获得了极大的发展，这种相互作用力以产业的形式持久地固定下来。奥运科技产业以奥运科技需求为导向，以国际奥运市场经济规则为标准，通过开展自主创新活动研发以服务奥运为核心的科技成果，这些科技成果率先在奥运会中得到应用，并通过奥运会的宣传推广逐步商品化、产业化、国际化，最终形成以创新型体育科技产业为核心的科技产业体系。奥运科技产业在奥运与科技互动发展中的中介作用表明，奥运与科技的互动关系是在市场作用下自发形成的，是向奥运中引入市场元素和尊重市场规律的必然结果。20 世纪 80 年代，奥运开启了其商业化、市场化的进程，经济资源通过市场渠道汇聚，以体育产业为例，奥运使体育领域吸引了更多的社会关注，参与到奥运中来的体育行业企业，将自己的产品（或服务）与奥运精神有机结合并加以推广；奥运激发了大众对体育的参与热情，刺激了体育行业的高端市场需求，体育行业企业为了更好地满足市场需求、实现自身效益最大化，将最新的体育科技成果投入市场，开展体育科技研发成果的商业化运作，并将部分商品进一步推向国际市场。

绿色奥运科技成为奥运和科技互动发展的明显趋势。随着全球气候变暖问题的凸显，世界范围内极端天气频发，节能环保的社会思潮涌动，越来越多的人加入节能环保的队伍中来。奥运是除战争和重大灾难外最大规模的社会动员和盛大聚会，奥运本身寄托着人类共建美好未来、人与自然和谐相处的美好愿望，将绿色、节能环保、可持续发展等理念纳入奥运具有其必然性。1994 年于巴黎召开的国际奥林匹克代表大会上，国际奥委会首次认可了环保和可持续发展理念的重要意义，并于随后 1996 年在《奥林匹克宪章》中加入了节能环保的相关内容，同年国际奥委会环境委员会成立，1999 年将环境保护载入《奥林匹克运动 21 世纪议程》，促进可持续发展成为奥运的根本目标之一。受此影响，21 世纪以来城市美化、环境优雅成为奥委会对奥运主办城市的要求之一，奥运主办城市对绿色环保予以格外重视。正如经济发展不可能因为环保要求而停滞，奥运同样不能因为环保而降低举办水平，发展绿色科技由此成为举办奥运的新思路。"纸板床"在东京奥运会中广受关注，据悉该纸板床以可循环使用的高阻力瓦楞纸板为制作原材料，赛后床架将被制成其他纸张，床垫则可以制成其他塑料产品。为了开展一届低碳环保的冬奥会，北京冬奥组委早在 2019 年就发布了《北京 2022 年冬奥会和冬残奥会低碳管理工作方案》，谋求通过环保技术设备达成低碳排放目标。可以说，随着环保意识的觉醒与深化，绿色科技创新越来越成为奥运与科技互动发展的趋势方向与重要内容。

第二章

奥运与科技互动发展的基本理论

一、奥运与科技互动的系统综合集成方法论

系统综合集成方法论由钱学森于1990年正式提出，系统综合集成是指将人的思维、思维的成果，人的经验、知识、智慧及各种情报、资料和信息集成起来，将专家体系、信息与知识体系及计算机体系有机结合起来，使全面的定性认识和理性的定量认识各取所长。引入系统综合集成方法论有助于准确有效地把握奥运与科技发展的复杂适应性特征，真正搭建起奥运（人类社会活动）与科技（自然科学成果）相互融合的桥梁。

系统综合集成方法论建立在系统论的思想基石之上，是对系统论的具体化，是在实践层面行之有效的方法体系。20世纪70年代末，钱学森在阐述系统论思想时曾指出："系统论既不是整体论，也非还原论，而是整体论与还原论的辩证统一。"为了更好地理解系统论，有必要对由还原论到整体论再到系统论的方法论的演进过程有所了解。

①还原论方法：还原论方法是把所研究的对象由整体分解为部分，由梗概了解至细节的研究过程，是自然科学中最基本的方法。还原论认为可以通过对低层次事物的了解达到对高层次事物的认识，部分的性质说明了整体的性质，认识整体必须先认识部分。例如，对人体功能的研究，需要分别研究人体的神经系统、运动系统、免疫系统、消化系统，进而对人体的整体功能进行解释。但是还原论方法解决不了高层次和整体问题，因而需要引入整体论方法。

②整体论方法：还原论方法在研究复杂系统问题时会暴露出其固有的弊

端。例如，生物学家彼塔郎菲在使用还原论方法进行生物学研究时较早地认识到了这一点，彼塔郎菲试图通过对生物分子的无限分解，达成对生物整体的认识，但这显然是无法实现的。又如，在研究巨型生态系统时，根据还原论方法将生态系统分为生产者、消费者、分解者等若干部分，还原论方法能够解答生产者、消费者和分解者各自的作用功能，但是回答不了生态系统整体表现出来的区别于各个部分所没有的强大特性。而整体论认为"整体大于部分之和"，整体论强调不能割裂或分别理解整体的各个部分，而应当将系统中的各个部分视作一个有机的整体。整体论方法是对还原论方法的突破，是研究整体复杂系统问题时更为科学有效的研究范式。

③系统论方法：整体论只是一个相对笼统的认识事物的方法，是从整体论整体、从定性到定性的研究过程，还不能真正地解决复杂系统的问题。在这一背景下，钱学森提出了系统论方法，其表示系统论不同于整体论和还原论，也不是二者的简单结合，而是整体论与还原论的辩证统一。系统论思想为后来的系统综合集成思想打下了坚实的基础。

钱学森提出的系统综合集成方法论，为将系统工程定量的科学方法、模型用到奥运这一人类社会活动中提供了指导，有助于建立起正确的能够模拟奥运实际情况的模型，具体涉及的方法包括：

①定性和定量相结合。创新融合是人脑思维的强项，但在进行逻辑分析或是处理大量信息时，人脑功能受限，而科技是人类智慧的产物，在奥运会组织举办过程中，需要将人的智慧与科技的力量相结合。科技不具有人的主观认识，因此仅依靠科技无法完成奥运与科技之间的互动发展。科技该以怎样的方式与奥运结合，才能使科技符合奥运举办过程中的要求，满足人民群众对体育健身的长久要求，使得奥运科技在奥运会后发挥长期效益？这要求兼顾奥运科技的市场性与公益性，并结合奥运会主办城市以往举办大型体育赛事的实际经验，更重要的是，必须要有经验丰富的经济学家、管理学家的参与，展开广泛的社会调研，将理论与实际情况相结合。科技发展背后的主体是人，科技本身无法回答发展方向、融合方式等问题，市场自发形成的发展方向不一定与社会主义核心价值观的内核相协调，唯有了解国家政策导向、奥运实际需求、科技与奥运融合可行性的政府官员、专家学者才能为奥运与科技融合的方式方法指明方

向，在定量为奥运与科技融合互动的方式方法指明方向，在定量分析中加入定性成分。

②定量与定性的系统综合集成。钱学森系统综合集成法要求奥运组织者在一次次与科技互动的过程中刷新自己的认知水平，不断提高自己处理问题的能力。人脑的认知能力相对有限，在进行信息处理时会出现思想狭隘的情况。科技能够提供现实生活中尚不存在的解决问题的思路与方法，这些都会给人以新的感受和想法。因此，通过奥运与科技互动的方式，将举办奥运的具体需求与科技方法相结合，在交换与互动中使得奥运和科技双双得到提升与发展。在奥运组织领导的过程中，单个组织者或领导人一般不能立即根据自己具备的知识得出问题的准确结论，而是需要将专家集体的经验性判断与管理决策科学、信息模拟系统或科技发展具体情况进行互动，反复进行定性和定量方面的处理，专家在循环往复的交互过程中不断提升研究问题的能力，不断调整和优化问题的答案，最终得出最优的决策。

③互动发展过程中要以人为主。这一观点表明，在奥运组织管理的过程中，必须重视各领域专家意见的作用。人脑是思维产生的物质基础，科技归根到底是人脑的产物，人脑才是思维产生的物质基础，必须注重研究问题中各领域专家意见的作用。在人的智慧和科技力量结合的过程中，机器擅长的是处理逻辑问题，真正的形象思维和创造思维还得依靠人脑，因此必须要坚持以人（专家群体）为主的原则。专家群体可以充分运用理论知识和经验知识对奥运发展现状和趋势进行总结展望，结合科技对奥运组织过程中出现的具体问题提出解决办法，得到效益最大化的最优解。需要注意的是，在对奥运本身进行研究时，应当将奥运本身视作一个整体系统，而奥运这一复杂巨系统具有跨领域、跨学科、跨层次的特点，需要将不同学科、不同领域的专家学者构成的专家体系引入这一巨系统中，依靠专家智慧对奥运巨系统中潜藏的、非常规的问题风险做相应的处理。在奥运与科技互动的过程中，可以按照专家的意见把握事件演进的整体方向，钱学森强调："在从定性到定量系统综合集成研讨厅体系中，核心的是人，即专家们，整个体系的成效有赖于专家们[1]。"这些都体现

---

[1] 钱学森，于景元，戴汝为. 一个科学新领域：开放的复杂巨系统及其方法论[J]. 自然杂志，1990（1）：3-10，64.

了钱学森系统集成方法论以人为主的特点。

④成熟推进与创新升华。钱学森大成智慧学[①]是量智和性智的结合、逻辑思维和形象思维的结合、科学和艺术的结合、科学和哲学的结合。大成智慧是集结群体性智慧的一种方法,主要用于求解开放巨系统问题,在此阶段因为奥运科技系统与多技术多学科密切相关,系统综合集成、大成智慧成为此类开放巨系统求解的方法指导,基于大成智慧推进奥运与科技互动的实践探索取得进展与成效。而系统综合集成方法以系统综合集成、大成智慧在科技奥运的举办中得到应用,在一次次的实际应用中不断得到创新和升华,系统综合集成的层次、范围、技术和对象均得到扩展和深化。创新2.0的大成智慧工程[②]突出通过以人的联网、思想的联网、物的联网实现专家、计算机、数据体系的系统综合集成,在智慧奥运、智慧城市、智慧国家、智慧地球的建设中均得到推广和应用。

系统综合集成研究方法论认为系统是一切事物的存在方式之一,任何事物都可以用系统的观点来考察、用系统的方法来描述,以系统科学的观点考察奥运与科技之间的互动关系,能够帮助提高对奥运与科技互动发展的整体性认识。集成理论[③]的提出是系统科学理论的重大突破,集成理论强调以集成群为核心进行适度分工有效配合,集成是指将若干个系统元素有机结合,将行动或事物整合成为一个整体,系统集成允许系统内部元素与环境中其他系统相交互以满足实现系统整体的功能需求,并适应工程(产品或服务)的组合特点和设计属性。而系统集成是判断并分析所处的生命周期,使得生命周期的不同阶段和不同生命周期协调一致的集成活动,这一语境中活动是指工作流程中围绕同一个集成目标的一组任务。

在不同的工程实践中"系统集成"的内涵有所不同,奥运与科技本身是两个独立的复杂系统,在奥运与科技互动中诞生的"奥运科技群",是一个多层

---

① 钱学森,于景元,戴汝为.一个科学新领域:开放的复杂巨系统及其方法论[J].自然杂志,1990(1):3-10,64.
② 黄顺基.钱学森社会工程思想和方法及其重要意义[J].中国人民大学学报,2013,27(4):98-104.
③ 戴汝为.社会智能科学的形成和发展[J].上海理工大学学报,2011,33(1):1-7.

次、由多因素构成的科技系统，科技奥运是一个对各种知识和技术进行综合创新转化的复杂巨系统，打造科技奥运是将若干种技术和学科门类围绕奥运中的科技需求，集合成一个有机整体的过程。一般而言，系统集成由"七要素"构成，分别为：集成主体、集成目标、集成单元、集成模式、集成工具、集成条件和集成环境，在科技奥运系统集成中满足特定的奥运科技需求是集成目标，不同的学科门类和技术类别是基本的集成单元。体育本身被视为一个多学科领域，包含了各种分支学科，如市场营销、金融、法律、社会治理、沟通、组织行为理论、体育发展、旅游、设施管理和活动管理等，奥运作为世界级体育盛会更是促进科技创新和技术研发的动力源，具体涉及的技术有信息技术、管理技术、生物技术、交通技术、气象预测技术、环境保护技术，涉及通信、体育、制造、建筑、气象、卫生等多个部门，在不同部门的带领下，各种知识、技术交错融合、互相配合，形成一个巨大的技术开发包和科技创新源。在宏观层面，奥运科技集成系统由技术创新环境系统、创新主体系统、对象系统3个部分组成。从功能来看，奥运科技集成系统包含组织管理科技系统、药物检测科技系统、器材装备科技系统、运动训练科技系统、信息服务科技系统、安全保障科技系统、交通运输科技系统、气象预报科技系统等8个科技系统。

奥运科技不是对集成单元的简单累加，更不是对亮点元素的胡乱堆叠，而是按照特定方式进行有序的组合构造，以求最大限度地提升整体功能。例如，体育、医学、工程3个学科以2022年北京冬奥运为契机，瞄准运动医学和人体工程领域世界科技前沿，促进要素的整合协同。面临人类体能极限的运动员，每更进一步，运动员受伤风险都呈几何式增长，体医工融合对每个动作的数据进行深入分析，帮助提出可行的训练方案。体育、医学、工程这3项融合元素并非随机选择的，三者的融合依旧围绕既定的集成目标，遵循学科内部的适配性规律，融合的结构是经过合理优化的、科学的。在奥运这项多技术多学科的综合性大型系统工程内部，各项技术和各门学科只有进行有序融合、彼此适配，才能使系统功能达到最优。

二、奥运与科技互动发展的具体理论分析

（一）奥运前期：奥运科技创新网络

科技创新网络的研究已经被广泛地应用于企业、区域技术创新、旅游产业、产学研等领域，但尚未有文献从科技创新网络的市场对奥运与科技的互动关系展开分析。关于技术创新网络的研究并不少见，创新网络的定义较早来源于 Imai K 等 Baba（1989）关于创新网络的定义[①]：创新网络是应付系统性创新的一种基本制度安排，在其后的研究中，技术创新网络结合不同的研究领域衍生出的定义各有不同，此处将技术创新网络概括为，各个不同层次的相关企业或组织基于共同的技术创新目标而建立起来的一种组织形式，是围绕创新目标形成的正式与非正式协作关系的混合网络，这一定义中体现出技术创新网络的两个特点：①围绕一定的创新目标组织形成的，以实现特定的创新绩效为组织目的；②一般而言，企业在技术创新网络中居于核心地位，相互依赖、相互作用的企业是科技创新网络的活性结点。

奥运科技网络既包含科技创新网络的普遍性特征，又具有一般科技创新网络所没有的特殊性，奥运科技网络的形成与诞生具有其普遍性和必然性，各国结合其奥运组织管理体系形成了各具特色的奥运科技创新网络。考虑到资料的可获取性，此处结合北京奥运的科技创新网络进行阐述。

为保证奥林匹克运动的纯洁性，国际奥委会曾一度排斥政府和商业活动的参与，但实际上，现代奥运会创立之初，主办国政府/城市政府、社会和商业就紧密相连。奥运会的规模和复杂程度决定了政府参与的必然性，政府是奥运的主办单位，与一般科技创新网络相比，政府在奥运科技创新网络中发挥的作用更大，即使是 1984 年洛杉矶奥运会，第 1 届由民间商业运作承办的奥运会，依然少不了政府部门的牵头组织。政府在奥运科技创新网络中的作用是顶层设计、组织协调。2008 年北京奥运会，北京奥组委特别成立了奥运科技委员会作为北京奥组委的非常设组织，奥组委的统筹协调是将高科技引入奥运各项建设

---

① IMAI K, BABA Y. Systemic innovation and cross border networks: transcending markets and hierarchies [C]. OECD Conference on Science, Technology and Economic Growth, Paris, 1989.

项目的重要渠道，奥组委以奥运科技需求为导向，全面整合各方科技资源，资助了一批奥运科技重大攻关示范项目，组织动员企业、高校与各类科研机构紧密结合，建立了政府组织协调、业主牵头、以企业为主体、产学研互动的奥运科技创新网络。

奥运科技创新网络规模巨大，整体网络规模的衡量标准在于网络中包含全部行动者数目的多少，网络规模体现了网络中活性结点与外界的联系范围，活性结点合作伙伴、获取资源途径等的多少，在政府的协调组织下，北京奥运会有近200家企业、170多个科研院所、50多所高校参与，共同建设形成了这张全社会通力合作的巨大奥运科技创新网络；网络连接强度分为强连接和弱连接两种形式，反映的是技术创新中与合作者的合作频率，强联系表明成员彼此之间高度信任、合作密切，有很强的情感联系，强联系使得创新资源得以在技术创新网络中顺畅流通，企业能够更多、更快地获取外部创新资源，奥运能够极大地增强民族自尊心和自豪感，使得奥运创新网络中的各创新主体众志成城，具有较高的凝聚力和强情感联系，为统一指挥、综合协调各部门，北京市政府成立了"2008"工程指挥部办公室（简称"08办"），负责加强各创新主体之间的沟通协作，对增强整个奥运创新网络的连接强度起到了重要作用。

奥运科技创新网络以满足奥运举办过程中可能出现的各项科技需求为目标导向，并针对奥运建设中出现的新的技术需求，建立科技需求的快速反应机制，实现供给端与需求端的及时对接，为奥运科技建设提供健全的体系保障。企业依然居于奥运科技创新网络的核心位置，1984年洛杉矶奥运会之前的若干届奥运会，主要依仗政府力量实施举办而不允许企业参与其中，使得举办城市的人民背上了巨大的经济负担，甚至要花10~20年的时间偿还奥运会带来的债务，1984年洛杉矶奥运会成功引入商业运作模式，这些商业运作模式在近年来渐趋成熟。尊重企业在奥运科技创新网络中的核心地位，尊重市场在资源调配中的基础性作用，有助于最大限度地发挥奥运与科技之间的良性互动关系。在2008年北京奥运会中，项目建设以法人招标的形式展开，企业是项目建设的主要负责人，在产学互动中居于主导地位，而政府起的仅是监督协调的辅助作用，这一模式更能够激活企业的创新思维，对促进奥运科技创新意义非凡。

（二）奥运中期：体育科技传播

发达国家较早地对城市体育科技创新予以高度重视，伦敦凭借其强大的区域创新能力和独特的城市体育文化基因，成为体育科技创新的策源地，欧洲约70%的科技独角兽企业落户伦敦，体育科技企业的大规模集群，加之伦敦便利的金融条件，催生出全球体育科技（STA）大奖。反观国内市场，中国体育产业仍处于起步阶段，在体育消费水平偏低的情况下，国内体育科技企业无法在体育科技创新项目上开展大规模投资。2022年北京冬奥会，在鼓励创新创业的社会思潮下，政府对体育产业本身的科技化发展高度重视。2018年《政府工作报告》中明确了"互联网+体育""智能体育产业"等科技与体育融合的发展方向，支持以社会力量增加体育服务供给，深入推进体育改革建设；2019年9月国务院办公厅印发《体育强国建设纲要》，提出加快推动人工智能、互联网、大数据与体育实体经济深度融合，创新生产方式、服务方式和商业模式，促进体育制造业转型升级、体育服务业提质增效；2021年1月19日，习近平总书记到国家跳台滑雪中心考察时强调："中国冰雪运动也必须走科技创新之路。"2021年3月《政府工作报告》中指出，发展健康、体育等消费，完善全民健身公共服务体系，精心筹办北京冬奥会。

体育产业与奥运产业的概念并不完全重合，奥运产业辐射范围广，涉及经济、社会、文化等多个方面，体育产业是奥运产业的重要组成部分，除体育产业外奥运产业中还包含电子信息、光机电一体化、新材料等产业。体育科技创新包括在材料、信息处理方式、可穿戴设备等方向上的创新，这些科技应用能够提升体育产品或服务的新颖性，运用高科技手段为消费者带来便利，使运动本身更具吸引力。想要实现体育产业转型升级，就必须将新的科技应用到体育产业中来，通过提高体育科技创新水平来调整产业结构。对于大型体育企业，要鼓励其增加研发投入来实现科技创新，企业一方面要注重科技创新和产品创新本身，不断提升体育产品的科技含量；另一方面不能忽视营销手段创新对于体育产品销售的积极影响，重视奥运会对体育科技的重大宣传推广作用。从竞赛训练到仪器设备，从赛事转播到体育营销，大数据、AI、VR等最新科技逐步渗透到体育产业的方方面面，特别是随着电子媒体的兴起，体育装备实现真正的"入网",体育智能硬件与智能软件相辅相成,来提升体育消费者的运动体验。与此同时,电子媒体利用网络技术、数字技术,通过互联网、无限通信网、卫星等渠道,向手机、电视、电脑的终端用户提供视频、音频等数字服务,方便受众在各类场景下随时随地关注奥运,突破时空的限制,极大扩展了奥运赛事的关注范围。

奥运会是体育科技研发创新的实验室,是体育科技最新成果的展示窗,企业对奥运科技的研发管理与创新,是企业大事件营销的独特营销方式,一些体育品牌借助奥运的机会发布、展示前瞻性的技术,这是一种提升品牌关注度和企业知名度的方法。体育科技通过奥运展示在全球观众面前,能够起到良好的宣传效果,由于奥运赛事的特殊性质,奥运会必然成为全社会关注的焦点,在这个"流量时代"群众的注意力对商业宣传尤为重要,加之奥运无与伦比的独创性、信誉度和美誉度,使得奥运的营销和传播价值巨大。

改革需要契机,发展需要载体。2022年北京冬奥会是体育改革的大好时机,是体育科技传播的最好载体。《体育强国建设纲要》勾勒了中国建设体育强国的美好蓝图,提出了到2035年开创体育现代化发展新格局的总体目标及一系列量化标准,包括经常锻炼人数占总人口的比例高于45%,城乡居民达到《国民体质测定标准》合格及以上的人口占总人口的比例超过92%,人均体育场地面积达到2.5 m^2,体育产业成为国民经济的支柱性产业。但是现阶段,中国体育产业科技化程度较低,体育发展中科技助推作用力依然不大,科技创新最新成果较难在体育产业中推广,体育与科技发展"两张皮"的问题依然存在;体育消费场所少,经营机构服务差、收费高等问题暂未得到改善;此外,自1985年以来,中国青少年体质持续下滑,速度、力量、耐力等身体素质在低谷附近徘徊。而奥运举办毫无疑问将促进中国运动人数的提升、体育产业的发展,奥运精神与体育科技内在的一致性,使奥运成为体育与科技融合互动的绝佳契机,让每个中国人在运动中享受到科技的乐趣。

(三)奥运后期:奥运科技产业化

奥运科技创新取得成功的关键是在政府提供政策和资金帮助的条件下,作为技术创新主体的企业要建立与科研机构、高校联合等多种形式的技术开发机构，提高技术创新商业化和产业化的成功率。奥运科技产业化，是指为满足奥运需求应运而生的高新技术创新的商品化、市场化的过程，是从一个创新成果到形成一定规模商品生产的过程转化。奥运科技成果必须经由产业化过程，形成一定经济规模的产品，才有可能在国民经济中得到广泛应用，若奥运科技只能满足奥运举办的特殊需求，而没有在经济社会生活中广泛应用的市场前景，奥运的科技成果将最终无人问津，研发奥运科技所投入的资金、人力等资源，将因无法获取市场收益而付诸东流，奥运科技结果只有转化为现实生产力，才能真正意义上为经济发展贡献力量，并最终使广大民众受益。因此，在奥运后期，需要着力引导奥运科技的产业化发展。

根据高新技术产业化发展的相关理论，科技产业化通常包括技术实用化、产品商品化和经营市场化等环节。技术实用化是指使科技成果尽快成为产品的工程开发，并非所有的科技发明都能够成功地转化为产品。从技术经济的角度来看，可以将奥运科技划分为专有技术和共性技术两类，专有技术不具有广泛的适用性，但是可以直接作为交易对象在技术市场买卖，因此不具有产业化的潜质。共性技术推广应用带来的经济收益的高低决定了其产业化潜质的高低，对于那些没有利润前景又具有公共物品属性的共性技术，应当通过政府干预实现推广应用。产品商品化是产业化的经济内涵，此处的产品商品化不同于新古典经济理论中对商品化的定义，此处的产品商品化是指对具有实际使用价值的产品能够按照商品的要求进行批量生产，并且创建可靠的实现标准和产品质量保障体系，能够在价格或产品异质性方面具有一定优势，从而确保实现一定的市场占有率，取得较为可观的市场经济效益。经营市场化是产业化的社会外延，它关注的是产品的市场前景，它要求对商品化后的产品实施市场开发战略，通过提升产品的市场占有率获取更丰厚的收益报酬，同时还需要根据国内外市场行情的变化，不失时机地开发新一代产品，增强企业的市场势力，使企业在激烈的市场竞争中立于不败之地，因此，处理好高新技术实用化、商品化和市场化的相关关系是高新技术产业化的关键所在。

按照不同的发展阶段，产业化可分为产业导入阶段、产业发展阶段、产业稳定阶段和产业动荡阶段4个阶段。实现奥运科技产业化发展的关键在于顺利通过奥运科技的产业导入阶段和产业发展阶段。产业导入阶段是指产品技术研究开发阶段，涉及产品初步设计、制造工艺组织等，这一阶段需要投入大量的人力、物力、财力，因此对产业内企业的财务状况和融资能力提出一定挑战。以奥运需求为导向的奥运科技研发阶段可以归类于奥运产业发展的导入阶段，在这一阶段将奥运需求与市场需求结合尤为重要，需要引入市场化机制甄别具有市场化前景的奥运需求，否则随后的产业化阶段就难以正常开展并取得成功。奥运科技研发和生产技术开发的概念不完全相同，一项科技即使能够取得实质性突破也不一定便于以较低的成本进行批量化生产。产业发展阶段是科技成果的商业化运作阶段，在生产技术问题得到解决、制造工艺也趋于成熟后，可以尝试开展小规模生产，初步试探市场反应，若市场对该产品的接受程度高，市场需求也呈现出快速增长趋势，则企业可顺利进入量产阶段，否则需要对产品进行调整和改进。因此从奥运科技创新到奥运科技产业化，还面临着生产技术化、市场前景不确定等诸多挑战。产业稳定阶段是指科技进入成熟阶段，由于在市场竞争中生存下来的少数大厂商几乎垄断了整个行业市场，并形成占有稳定的市场份额，彼此势均力敌，市场需求增长率较低并能稳定在一个适度的均衡水平，该行业特点、行业竞争状况及用户特点非常清楚和稳定，买方市场形成，技术上趋于成熟，行业盈利能力下降，产品之间的竞争方式逐渐从价格手段转向服务质量方面，如提高产品质量、改善产品性能和加强售后维修服务等。产业动荡阶段是指产品经过一段较长稳定时期后，由于产品逐渐满足不了市场的新需求、新业态，并且新替代品的不断涌现使得该产品销售量开始下降，市场资金也开始转向其他更有利可图的产业，整个产业开始进入衰退阶段，但不乏某些产品的临时措施或补救措施，也有可能使得该市场继续维持一段时间，但总体呈现动荡下行，市场趋势性萎缩，行业利润率停滞或不断下降，当利润率无法维持时，最终被取缔或消失。

奥运科技是否能顺利完成其产业化进程，与企业是否在奥运科技创新中居于主体地位、市场是否在奥运资源的配置中起基础性作用密切相关。奥运科技的创新过程涉及广泛的产学研协同，产学研协同创新是产业化的创新方式之一，这是因为产学研协同有助于各创新主体优势结合，使创新成果兼具学术价值和商业价值，既有过硬的科技含量又有光明的市场前景。但是，企业和大学分属不同的管理系统，考核指标不同使得两者间难以自发形成紧密的协作关系，而政府能够将产学研视为一个整体，通过制定整体激励政策消解企业、大学考核目标上的矛盾，帮助两者完成集成衔接。因此，根据前文对奥运科技创新网络的说明，奥运科技本身更容易朝产业化方向转变。

第三章
奥运与科技互动发展的作用机制和影响途径

一、奥运促进科技创新的作用机制

（一）奥运需求促进科技创新

根据区域创新需求创造理论，干预创新活动并创造创新需求，创造条件提高创新、研发活动的效率，进而提高整个区域的创新水平是政府的一项重要任务，而举办奥运能创造大量的创新需求，并通过乘数效应促进地区经济发展，带动区域创新水平的提升。

Schmookler J（1966）在其《发明与经济增长》一书中开创性地提出"需求驱动"创新假说[①]，该理论认为需求对科技创新的方向和数量都具有决定性作用，这是因为企业是逐利的，只有当市场中存在足够的有效需求时，企业的研发投入才能通过市场交易取得相应的回报，奥运会的举办在全球范围内引起广泛关注，具有广阔的群众基础和巨大的市场潜力，能够创造强劲的市场需求，从根本上激发企业的创新动力。

"需求驱动"创新假说中的需求指的是创新的有效市场需求，而市场需求源自现实生活的需要，是有市场化和产业化前景的现实需要。对于处于任何时代的任何国家，举办一场世界级、人数众多、持续数天的体育盛会都非易事，科技自诞生以来就便利了人们的工作与生活，科技力量是对人类能力的延伸，满

---

① SCHMOOKLER J. Invention and economic growth [M]. Harvard：Harvard University Press，2013.

足现实需要是科技研发的直接动力，国家和人民对于科技创新与高品质生活的迫切需求是科技创新的发展方向，奥运带来的实际问题和现实挑战为科技进步提供动力。

体育竞技对于获胜的追求，对训练技术、运动器材、饮食、设备和兴奋剂检测等方面的科技发展提出了新要求，促进了体育产业的创新发展；数百万名公众去往主办城市观看奥运赛事，对城市规划、人群控制、公共卫生和安全等方向向科技发展提出更高要求，促进了城市科技管理水平的提升；全球数十亿名奥运观众促进了体育领域的服务创新，以及移动、社交媒体设备等方面的技术创新。奥运会是个巨大的系统工程，从前期规划到体育训练再到服务保障，奥运系统工程以其自身的复杂性对科学技术产生了多样化的需求，各式各样的需求促进了奥运科技的发展，科技在奥运会实际举办过程中的各个方面都发挥了极其重要的作用。

（二）充足的资金保障

企业是技术创新的主体，融资约束是企业创新的主要制约因素，充足的资金保障对科技研发的重要性不言而喻。奥运关乎国家形象，普遍受到举办国民众的支持，具有广泛的群众基础，在社会各界力量的支持下，奥运本身在汇聚包括资金资源在内的各类资源上具有优势。奥运会举办方是一国政府或城市政府，政府为奥运建设做顶层设计，政府信誉直接或间接地为奥运项目建设提供积极保障，使得奥运科技创新项目相较于一般的科技创新项目更容易获取外部资金支持。体育出于其独特的情感体验、高水平的社会互动、不确定的结果，能够吸引大量消费者参与，人们不惜为自己喜欢的球队一掷千金，奥运会更是拥有大量的国际受众，能够引致高端需求培育新的消费热点。20世纪80年代以后奥运开启商业化进程，商业化运作给奥运注入新的生命力，市场资源配置引导大量资金直接流入奥运相关产业的新产品研发，直接推动了科技创新。政府财政支出也是奥运的重要资金来源，多数奥运会能够得到政府财政支持，政府为奥运提供相对充裕的资金保障。根据北京市统计局数据，2008年北京奥运会在相关科技研发方面的投入高达30多亿元，其中政府部门的投资超过三成，共投资 10 余亿元；中国政府直接资助北京奥运会建设 2800 亿元，其中 300 亿元直接用于信息化建设。

奥运科技项目的融资模式多种多样，融资渠道较为广泛，其中政府与社会资本合作的 PPP 模式，由政府、社会资本、商业银行及财团的共同协作参与，该模式扩大了社会资本的投资领域，拓宽了奥运科技项目的融资渠道，更重要的是社会资本与政府合作，建立了风险收益共担机制，能够有效地应对奥运科技项目的研发风险。重大科技项目的研发过程和结果往往伴随着极高的不确定性，奥运科技创新项目的整个研发周期较长，期间需要持续不断的资金投入，科技研发的结果往往是不确定的，科技攻关项目的失败概率相对较高，奥运科技项目一旦失败，前期的资金投入将沦为巨额的沉没成本，单个企业难以独自承担科技攻关失败所造成的损失，而 PPP 模式下的风险共担机制降低了社会资本和政府的投资风险。

（三）政府的大力支持

政府支持是奥运科技发展的另一个重要因素。政府是大型体育竞赛最主要的责任主体，由于奥运会全球性的影响力、组织管理任务的复杂性，以及其对社会发展深远的影响，政府通常对奥运会予以高度重视，并推动资源配置向奥运倾斜。此外，在奥运科技建设中，具有公共物品属性的共性技术的研发难以通过市场交易回收成本，而奥运主办城市政府是这类科技带来的正外部性的主要收益，因此政府对奥运科技创新工作有天然的辅助和支持义务。

政府向奥运倾斜的资源是多方面的，除直接的资金资助外，还可为举办奥运会所需体育场地的土地使用、人力保障、所需物资供应等方面提供优惠政策。从政府对奥运进行资助的发展趋势来看，政府对奥运的投入逐渐转型为以政策投入为主、资金投入为辅，出台优惠政策，吸引其他社会团体、企业乃至个人对奥运在人力、物资等方面进行全方位支持，这些优惠政策包括税收政策、土地使用政策、价格政策等，有利于引导企业进入奥运市场。

（四）体育产业的内在创新性

奥运将毫无疑问地成为体育产业发展的巨大推动力，国务院办公厅在北京冬奥会筹备之际，于 2019 年 9 月 17 日印发了《国务院办公厅关于促进全民健身和体育消费推动体育产业高质量发展的意见》（国办发〔2019〕43 号），旨在推动体育产业成为国民经济的支柱性产业，为体育产业发展带来重大利好，向体育市场传递出积极信号。根据中国特色社会主义创新发展理论，科学技术是第一生产力，创新是发展的第一动力，这是马克思主义政治经济学关于解放和发展社会生产力的思想与中国当前历史发展阶段下具体国情相结合的产物。体育产业发展同样需要遵循产业升级的一般性规律，以科技促进体育产业生产效率提升。奥运使得体育产业的转型升级备受关注，而体育产业转型发展必然要与科技创新相结合。

除产业发展的一般性规律外，体育产业的内在创新性也是体育科技发展的重要动因。体育产业内部存在一定的风险、不确定性和竞争性，大多数类型的运动都涉及某种形式的创新。体育是一个全球性行业，由于受到广泛关注，承受了一定的经济社会压力，这些压力促使体育产业不断吸收新的想法，并将体育管理投入实践。体育科技研发者通过发现新的潜在用途重新定义产品和服务的使用方式，从而扩大现有的体育市场。对体育竞赛获胜的追求，鼓励体育企业富有创造性、尝试新想法，体育赛事的激烈程度导致了体育行业消费者的高参与度，使得消费者的反馈信息更容易为体育厂商捕获，体育产业因而更容易进行以消费需求为导向的创新活动。奥运大大加快了体育产业的发展进程，又由于体育产业自身的独特属性，体育产业发展本身就以科技创新为方向，奥运通过推动体育产业的发展间接地促进了科技创新。当前全球体育产业的五大前沿领域分别是：①体育企业间在体育大数据分析项目上的合作与资源共享；②电子竞技进一步向主流赛事迈进；③体育转播的 AI 化；④体育场馆智能化的普及；⑤体育赞助商在新技术、新场景方向上的创新，举办奥运会有助于这些方向上的科技发展。

二、科技促进奥运组织管理、文化发展的影响途径

（一）奥运科技促进奥运组织管理不断完善

组织设计是以组织结构安排为核心的组织系统的整体设计工作，是涉及工作专门化、部门化、指挥链、管理跨度、集权与分权、正规化等方面关键要素的过程。组织管理架构的形成是组织设计的结果，是实现组织目标和任务的重要环节，组织结构是组织中正式确定的使工作任务得到分解、组合和协调的框架体系。奥运会的组织管理涉及的问题极其繁杂，涉及工作人员的聘用、培训，各方参加人员的交通、食宿安排、关系维护，大型专业设备的购买、存储、调配和维修，各类合同的管理等，高水平地推进冬奥会赛会服务保障工作，打造智慧冬奥，提高赛事组织与赛会服务效率，需要依靠科技来实现。要充分发挥"互联网+"的作用，打造"信息奥运"，使用现代信息技术简化奥运组织结构，使得奥运组织的管理架构真正实现"责权明确"，使奥运参与者的服务需求得到快速响应和满足。

体育产业是一个全球性产业，具有积极的社会价值，能够产生深远的社会影响，与国民经济的许多其他部门相互影响。体育产业的产品和服务具有独特的属性，体育产业的管理方法与其他产业有一定差别，需要结合具体的商业应用和社会需求。体育管理作为一门理论学科仍处于起步阶段，但是由于体育在社会中的地位举足轻重，体育管理的学术意义和重要程度有所提高。奥运组织管理是体育管理的典型案例，组织举办一届成功的奥运会，需要充分汲取包括体育管理学科在内的现代管理学科的理论成果。此外，运筹学、规划论、控制论和系统论等现代决策科学的理论成果也在奥运中得到越来越充分的应用。奥运风险管理是奥运组织管理的重要内容，风险在奥运举办的过程中是客观、普遍存在的，每一届奥运会都面临着自然环境、赛事人身伤亡事故、文化活动事故、社会安保事故等一系列风险，建立奥运风险管理系统，集结专家学者智慧，对奥运潜在风险展开全面剖析，并提前制定相应的应急预案，是应对奥运突发情况和意外事故的有效方法之一。

依靠现代科技成果来组织奥运会这类超大型社会活动已经成为历史的必然，奥运的组织管理越来越多地借助于计算机技术、电子信息技术，依靠电子信息网络来保障奥运组织工作的顺利进行。奥运会的电子信息系统工程已成为规模最为庞大、技术最为复杂、领域最为广阔、协作面最多的系统工程，其科学技术水平的高低对奥运会的组织与管理水平具有直接的影响。2022 年北京冬奥会的抵离信息系统是北京冬奥会和冬残奥会信息管理工作的重要组成部分，抵离信息系统建立在大数据、云计算等信息技术基础上，以多系统无缝衔接、数据共享等手段，收集、管理和使用运动员及随队官员、奥林匹克大家庭成员和贵宾、国际单项体育联合会、媒体、转播商、市场合作伙伴等奥运会客户群及其随行物品的抵离信息。北京冬奥会共为 3.2 万多名各相关方人员提供了抵离服务，在"两机场、三赛区"之间进行统筹协调运行，抵离信息系统为各奥运保障单位和业务领域提供了数据服务，提高了保障服务质量和运行水平，是奥运会信息化建设的重要进展，是科技对奥运组织管理工作促进作用的绝佳体现。

（二）奥运科技促进文化发展

前国际奥委会主席萨马奇拉曾说过："文化是奥林匹克的内在要素，如果没有反映主办国精神的文化活动，奥林匹克是不完整的[①]。"奥运会是体育盛典，更是文化盛典，是古今文化、东西方文化交流融合的舞台，是以高科技手段展现主办国文化、扩大其文化全球影响力、促进其文化适应时代发展主旋律的契机。举办大型体育赛事能够展示主办城市的独特文化，增强城市的知名度和影响力，唤醒市民的体育意识，形成城市的体育文化。体育赛事可以培育独特的城市体育文化，提升主办城市文化的竞争力，主要表现在精神文化、产业文化、制度文化和物质文化等方面。2008 年奥运会期间，北京市举办了丰富多彩的城市奥运文化活动和奥运主题展览，许多创意企业、文化创意产品应运而生，各种文艺宣传活动蓬勃开展，大大活跃了北京文化市场和文化氛围，对

---

① 黑迪. 奥运赛事文化活动对 2022 年冬奥会的启示和可持续发展研究［D］. 北京：北京体育大学，2019.

提高城市整体文化素质产生了不可估量的影响。根据北京市统计局统计数据，2008 年，北京市文化局所属业务范围的文化产业创造增加值为 12.1 亿元，比上年增加 1.9 亿元，增长了 18.6%。

奥运对主办城市文化发展的促进作用，离不开现代科技作为载体。学界已经对科技与文化融合对于推动文化发展和科技创新的重要意义达成共识。科技对文化发展的促进作用具体体现在：①科技发展使文化传播方式不断更新；②科技创新催生文化产业新业态，促进传统文化产业转型升级；③科技创新带动文化消费。现阶段，我国文化产业尚处于初级发展阶段，传统文化产品所占比重较高，在全球价值链中处于中低端环节，迫切需要转型升级。奥运赛事也是依托当代科技和传播媒介的一种文化交流方式，奥运能够带来独特的文化体验，奥运在体育赛事前后有丰富的文化活动安排，奥运科技成果中嵌入了丰富的文化元素，这些都使奥运成为科技文化交汇融合、促进文化产业发展的强大推动力。

在世界观众面前充分弘扬中华文化的魅力，需要抓住奥运的机遇、借助科技的力量。奥运开幕式往往将一国丰富多彩的民族文化经由数小时的时间展示出来，若无现代科技的参与，一国文化难以完成如此高浓度的浓缩。2008 年北京奥运会开幕式展示了中华上下五千年独特的历史文化，期间高科技的应用为整场开幕式增添了不少光彩，数码灯在开幕式中国古代书画卷轴中的应用，产生了极好的视觉效果与视觉震撼力。借力奥运科技助力文化发展要充分发挥自主知识产权优势，在着力为产品注入传统优秀文化元素的同时，结合当下流行的时尚传播媒介对奥运文化活动进行宣传，以新形式展现传统文化，推广传统文化产业和高新技术产业跨行业整合发展的成功经验，大力提升传统文化产业的科技含量，积极利用科技手段推动传统产业转型升级，为传统文化注入新的生命力，充分挖掘其商业价值，增强文化产业在国际文化市场的竞争力，实现文化资源的优势转化。对于 2022 年北京冬奥会而言，新型冠状病毒疫情给冬奥会文化宣传活动的开展造成了一定阻力，为促进北京冬季奥运会的文化宣传工作，北京冬奥组委文化活动部在线上推出了北京冬奥文化公益平台，以移动互联网为媒介将冬奥会与公益活动结合起来，以趣味性强、互动性强、覆盖面广的方式使广大民众真正投身到了北京冬奥文化活动中，是奥运科技推动文化建设的典型案例。

三、奥运科技对区域创新能力提高的理论分析

区域创新理念的由来并不久远，学术界尚未形成对"区域创新能力"统一的、公认的定义，已有的对"区域创新能力"的定义可以总结为以下几类：①一个地区的创新潜力，这种创新潜力既包括丰富的创新要素和可用于创新活动的资源，又包括对创新要素进行整合、实现创新资源有效配置的能力，这种潜力将最终转化为地区商业发展的推动力，为区域经济转型升级贡献力量；②在区域的地理范围内和区域特定的社会条件下，创新投入产出比的情况，即创新投入向创新产出转化的效率；③强调创新主体对区域创新能力的重要性，认为区域创新能力是区域创新主体运用创新资源将知识转化为新工艺、新产品的能力，以及协调与推动国家创新活动的能力。本研究对区域创新能力的界定偏向于第一类定义，认为区域创新能力取决于区域内部创新主体、基础设施、特定集群的创新环境，以及各创新要素之间的互动质量。这一定义关注了区域内部创新要素之间的相互作用，因而与区域创新系统理论有相近之处，区域创新系统包含创新主体、创新环境和创新功能三大组成部分，创新环境是区域创新系统的重要组成部分，创新功能是指使各主要要素之间协调统一的模式与机制。

首先，奥运是城市全面进步的助推器，是区域创新能力提升的发展机遇，对个人、企业和科研机构等创新主体而言，奥运能促进科学文化传播、提高群众的科学素养，体育能够促进人的全面发展、改善人民的精神面貌、激发其奋进向上的动力，使得区域创新的群众基础更为广泛；奥运为举办城市创造商机，奥运涉及的行业领域十分全面，包括体育产业、旅游业、建筑业等，乐观的市场前景和高端的消费需求为众多企业提供了创新动力；科研机构和高校是主要的知识创造者，高校和科研机构以承接奥运科技项目和课题的形式参与了奥运科技创新。

其次，奥运对改善城市创新环境的益处也十分明显，奥运能够提升举办城市的国际知名度，完善城市基础设施建设，完善城市职能和提高管理水平，帮助城市招商引资和吸引创新人才，整合地区优势资源，完善高科技产业的产业链和供应链，促进区域经济全面升级。完善的基础设施对区域创新能力的重要性不言而喻，奥运对区域基础设施建设的带动作用不仅体现在基础设施尚不

完善的发展中国家，奥运对相对发达的国家或地区的基础设施建设同样意义重大。里约热内卢奥运会帮助该城市建立了完善的交通网络，现代交通网络更好地将市内贫困区域和市中心连接起来，这给里约热内卢的贫民区和贫困人口创造了发展机遇；在基础设施较为完善的伦敦，伦敦奥运会将基础设施建设引向绿色环保的发展方向，如在公共建筑中使用屋顶照明管道帮助降低电力支出和收集利用雨水；近年来我国对"新基建"越发重视，2022年北京冬奥会促进了5G、大数据中心、人工智能等领域的新型基础设施建设。

最后，奥运提高了各创新要素之间的互动质量。举办大型国际性体育赛事能够振奋民族精神，增强人民凝聚力，特别是对于我国而言，社会主义集中力量办大事的优势得以充分发挥，政府为奥运科技创新提供了相对充足的资金保障，业主牵头，产、学、研高效互动协作，全社会通力合作突破重大技术难题，在整个区域创新系统中各创新主体的活力充分涌现，各创新要素相互协调形成良好的合作氛围，这种区域社会资本和信任的建立有效地推动了集体学习的进程，隐性知识得以在区域内流通贡献，而这种植根在区域内的隐性知识是难以被竞争对手捕获和模仿的。此外，奥运会为国际交流提供了平台与契机，奥运会举办城市在国际奥委会的牵头组织下开展广泛的国际交流合作，向历届奥运会举办城市学习奥运组织经验和管理成果，2008年北京奥运会，吸引了来自全球各地的创新技术，催化了2000多项科技成果应用于奥运会和城市建设，并在奥运会后进一步发展，对北京乃至中国其他城市都产生了深远影响。2022年北京冬奥会同样对区域创新能力予以高度重视，加快实施创新驱动战略和推动北京建设世界体育城市相结合，把科技创新摆在发展全局的核心位置，提高了科技服务于经济与社会发展的能力，促进了北京乃至全国的科技实现跨越式发展。

科技与奥运互为促进的作用机制和影响途径主要归纳为以下两个方面。

一方面，科技发展不仅有助于提高劳动者的素质，而且可以有效提升行业的生产效率，也即行业的全要素生产率（TFP）；道格拉斯生产函数或CES生产函数均表明，提升劳动者素质或提升全要素生产率均能有效增加国内生产总值（GDP），而根据GDP收入法可知，国内生产总值可以归结为居民收入、企业收入和政府收入；居民、企业和政府收入的增加必然将促进居民消费和政府消费数量和质量的增加,从而提升全社会的最终消费需求,即国民经济增长带动消费结构升级,从而从需求侧的角度对奥运高质量发展提出要求,促使奥运科技创新和高质量发展,而奥运高质量发展通过其内在创新性反过来促进国家科技总体水平的提升。

另一方面,奥运属于国家级大型综合体育活动,国家必然出台相应的奥运政策(包括大型基础设施建设、高科技设备采购、配套服务等),这些政策将促进奥运产业的快速发展,奥运产业的发展壮大不仅可以在相关政策的引导下吸收固定资产投资,扩大资本形成,进而迈入经济发展、产业壮大、吸收投资的良性循环,使奥运产业更具可持续的发展前景,而且奥运产业的发展壮大也为奥运高质量发展提供支撑,供给侧和需求侧有效协同、共同促成了奥运发展与科技进步的良性互动局面。

第四章

奥运与科技互动发展的特点

一、互动的向度：从奥运科技化和科技奥运化发展到奥运科技融合化

向度反映了社会互动的方向，表明互动双方关系的性质，主要包括：①情感关系；②地位关系；③利益关系。由于奥运与科技原本是属于不同领域的两个事物，因此，奥运与科技之间的互动是指奥运与科技这两个在表象上看似存在较大差异的领域的相互接近，最终彼此融合的过程。奥运与科技的互动向度是指奥运与科技这两个不同事物之间关系的性质，就是奥运科技化、科技奥运化及奥运科技融合化的程度。

奥运科技化包括三重含义：一是科技在奥运发展过程中由最初的偶然性借用，到后来科技力量逐渐增强，再到达到深刻影响奥运发展趋向的程度。科技已经成为奥运会成功举办与否的核心力量，奥运在科技的规范下朝着数字奥运、网络奥运乃至虚拟奥运的方向发展[①]。二是技术理性的观念是竞技运动发展成为世界体育主流的主要原因；由于稳定的技术力量可以有效地提升奥运会举办的成功率，因此技术的逻辑逐渐成为奥运发展的逻辑。三是在科技所产生的巨大持续的内驱力的推动下，科技奥运成为一种理念。

科技奥运化包括两个方面的含义：一是随着奥运的发展不断提出科技需求，科技逐渐嵌入奥运的各个环节。主要表现为日益扩大的奥运会规模提出的

---

① 王玲.论科技与奥运的契合[M].沈阳：辽宁人民出版社，2010：57-58.

建立公平竞争裁判系统的科技需求，以及奥运对自身国际化发展、产生广泛的国际影响提出的扩大媒体传播的科技需求。二是科技对奥运需求也逐渐强烈起来，并逐渐建立了奥运科技体系。例如，奥运会根据奥运需求设立了"科技奥运"重点研发计划专项，建立了组织管理科技系统、运动训练科技系统、器材装备科技系统、信息服务科技系统、安全保障科技系统、气象预报科技系统、药物检测科技系统、交通运输科技系统等奥运科技创新体系。

奥运科技融合化主要表现在3个方面：一是以"公平竞争精神"和"和谐发展"为目标的奥运精神与以"求真务实"和"追求真理"为目标的科学精神的价值是统一的；二是量化、标准化与准确测量性等技术规则已经成为奥运规则；三是科技的巨大效力与奥运竞技运动的功利目标的协同。[①]

二、互动的深度：从器物设施层面的互动，到规则制度层面的互动，再到理念战略层面的互动

深度反映了互动的程度，表明互动双方相互依赖的大小。一般的社会互动的深度可以从互动双方利益关联的大小、情感投入的大小、互动延续时间的长短和互动规范的复杂程度等几方面分析互动的深度[②]。奥运与科技互动的深度问题归根结底是指奥运与科技融合的程度。

从奥运与科技互动发展的历程来看，奥运与科技完成了从器物设施等行为实践层面到制度规则层面，再到理念战略层面由浅到深的互动。在奥运与科技互动发展的第一阶段，主要是在奥运所使用的器物和设施等方面应用科技。例如，利用建筑技术来修建体育场、修建游泳池；通过无线广播的形式进行奥运赛事现场直播等。在奥运与科技互动发展的第二、第三阶段，开始在奥运会体育运动成绩的测定、比赛办法、器材的限定指标等规则及奥运会赛事组织管理制度方面应用科技，将原本简单的运动过程转变为一个具有严格技术规范的技术过程。技术规则已经成为奥运会发展规则的重要构成部分[③]。例如，这

---

① 王玲.论科技与奥运的契合[M].沈阳：辽宁人民出版社，2010：62-63.
② 郑杭生.社会学概论新修[M].4版.北京：中国人民大学出版社，2013：137-138.
③ 王玲.论科技与奥运的契合[M].沈阳：辽宁人民出版社，2010：47-48.

一阶段产生了规范的、标准的体育场地、设施、设备及器材等；在奥组委中建立了体育技术部专门负责与奥运会相关的技术支持工作；采用计算机信息系统统一组织管理奥运会赛事。在奥运与科技互动发展的第四阶段，奥运开始在理念和战略层面与科技互动。例如，2008年北京奥运会明确提出"科技奥运"理念，并制定了科技奥运战略来践行科技奥运理念；此后的韩国平昌冬奥会和日本东京奥运会、中国北京冬奥会等也都制定了与科技相关的发展战略。

理念是制度的根源和灵魂，制度是理念的表现形态，行为是理念的实践形式，受到制度的规范性制约。没有理念的制度和行动就没有了灵魂，制度体系就可能支离破碎、相互矛盾和冲突，行动也就成了盲目的行动。没有制度和行动，理念成为纯粹观念的存在，就只存在于领导的讲话和文件中；没有制度，行动就会变得杂乱无序，失去方向。科技奥运理念的形成是基于对奥运与科技互动规律、对需求的现实与未来发展的认识与把握。从器物设施等行为实践层面的互动，到制度规范层面的互动，再到理念战略层面的互动，展示了奥运与科技互动程度的纵深发展。奥运与科技实现了在理念、制度和行动3个层面的互动，具有内在的统一逻辑和价值标准。

三、互动的广度：科技应用到奥运的领域范围越来越广，在奥运应用的科技种类越来越多

广度反映了社会互动的范围，表明互动双方交往领域的大小。奥运与科技互动的广度是指科技在奥运上应用的广泛性。具体表现在以下两个方面：

一是在奥运会上应用的技术种类越来越多。从奥运与科技互动发展历程来看，在奥运与科技互动发展的第一阶段，在奥运会中发挥作用的技术大约只有建筑技术了。到了第二、第三阶段，随着技术的不断发展，如光电技术、摄影技术、传媒技术、电视技术等其他技术也开始在奥运会上发挥作用。目前不仅仅是普通技术应用在奥运会上，越来越多的新兴技术也应用在奥运会，如数字技术、人工智能等新一代信息技术、新材料技术、新能源技术、生物基因技术、环保技术等开始出现在奥运会上。

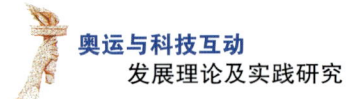

二是科技应用在奥运会的领域范围越来越广。从奥运与科技互动发展的历程来看，在奥运与科技互动发展的第一阶段，仅仅在奥运会的个别场地、设施或者器材上偶然性地应用技术；到了第二、第三阶段，开始在比赛规则、赛事安排、赛事传播、奥运会组织管理上都采用了技术；到了第四阶段，不仅仅在奥运会赛事相关的领域应用技术，而且在奥运举办城市中也开始应用技术，以便为奥运会的举办提供方便的外围环境保障。目前可以说奥运会的每个环节都被技术包围了，科技奥运本身就是一个高技术的奥运会。

四、互动的频度：科技成果应用于奥运的进程越来越快

频度反映一定时间内发生社会互动的多少。奥运与科技互动的频度是指奥运与科技在一定时间内发生互动的次数。

从奥运与科技互动发展的历程可以发现，科技成果从产生到应用于奥运会和体育运动的进程越来越快，尤其是近几十年以来，各项科技成果被迅速地应用于奥运场景中。例如，早期1912年瑞典斯德哥尔摩奥运会上首次使用的终点照相快照照相机，距离1839年照相机发明长达73年，1928年辅助裁判的高速摄像机距离1874年摄像机的发明长达54年，而2018年平昌冬奥会上5G通信网络的首次运用，距离2013年5G核心技术的开发仅仅5年时间。当然，这种科技的首次运用也与人们对于科技在奥运活动中运用的场景思维格局有关。例如，电视作为现代化信息传播工具，在1925年诞生之后仅仅11年就被理所当然地应用于奥运会实况转播，作为尖端通信技术的通信卫星在首颗发射成果后6年就被用于实现奥运会全球直播，而作为交通工具的飞机与奥运这种大型体育活动的直接关联相对较弱，直至飞机发明后53年才被首次用于奥运进行圣火传递。但总体来说，新科技从诞生到应用于奥运，间隔的时间越来越短，尤其是现在，与体育科技、信息和通信技术等相关的新科技一经诞生便迅速转化为产品被用于奥运体育训练、奥运管理与服务中。例如，一代代利用仿生技术模仿鲨鱼皮制作的泳衣FASTSKIN，不断更新的3G、4G、5G网络技术等。奥运会中部分"第一次"科技应用与相应科技发明情况如表2-1所示。

表 2-1 奥运会中部分"第一次"科技应用与相应科技发明情况

年份	科技应用	应用的科技	科技出现年份	年份差
1912	快照照相机终点照相	照相机	1839	73 年
1924	无线电广播实况转播	无线电广播	1893	31 年
1928	高速摄像机辅助裁判	摄像机	1874	54 年
1936	电视实况转播	电视机	1925	11 年
1956	飞机传递奥运圣火	飞机	1903	53 年
1964	通信卫星实现奥运全球直播	发射第一颗通信卫星	1958	6 年
1972	激光设备测距、点火炬	激光	1958	14 年
1976	人造卫星传递圣火	发射第一颗人造卫星	1957	19 年
1996	互联网引入比赛组织管理系统和转播	互联网	1969	27 年
2016	VR 技术转播	VR 技术	1987	29 年
2018	5G 通信网络	5G 核心技术开发	2013	5 年

五、互动的强度：由无意识、被动科技应用转变为主动探索应用场景、主动研发

强度反映的是存在情感投入的社会互动的强弱，表明互动双方交往时情感的强烈程度。奥运与科技互动的强度问题是指奥运与科技互动的强烈程度。从奥运与科技互动发展历程来看，奥运与科技的互动发展，在强度上体现为由无意识、被动科技应用到主动探索应用场景、主动研发。

一方面，由于运动技术的革新趋于完美、人类潜能趋于极限，通过改进运动技术创造新的纪录越来越困难，而借助科技力量往往能创造出更优异的成绩、更巨大的经济效益，在体育运动借助科技力量继续前进中科技逐渐摆脱了被动的从属地位，建立起自身权威；另一方面，随着奥运规模日益庞大、仪式活动日益恢宏，现代信息通信技术、安全保卫、交通环保等支撑科技从奥运舞

台的边缘向舞台中央演进，在奥运中发挥出越来越不可或缺的作用，奥运对于科技的应用也由无意识、被动的科技借用，演变为依据奥运各个环节和各项事项的需求进行主动、积极地探索与研发。

例如，2008年北京奥运会紧紧围绕科技奥运理念，由科技部和北京市政府联合教育部、国防科工委、国家体育总局、中国科学院、中国工程院、中国科协、国家自然科学基金委等相关部门共同组织实施了《奥运科技（2008）行动计划》，进行大型活动、赛事组织、场馆建设、体育科技等组织开展技术及绿色建筑、清洁能源、生态环境等绿色环保技术的攻关和技术应用探索，并取得了一大批科技创新成果。例如，具有中国特色的创新、安全、环保的焰火产品和发射技术，奥运火炬在复杂多变天气条件甚至在珠峰极端环境下持续稳定燃烧技术，国产3G、IPv6网络接入、数字集群、手机电视技术等。2022年日本东京奥运会，日本奥组委创新推进办公室、各相关机构也开展了影印转播技术、5G网络技术、人工智能·物联网·机器人技术等紧贴奥运会应用场景和关键科技引擎的研发、应用场景探索与实证工作，以打造包括大数据、人工智能、物联网在内的技术创新生态系统。

第三篇

演进历程

第五章
历程分期的依据及标准

本章讨论的历程分期主要包括4个方面内容：分期的一般研究，主要涉及一般史学、技术史和现代奥运史分期的基本情况；分期的构成要素，包含分期的标准、时段和命名等内容；科技奥运分期的逻辑基础，涉及分期的概念框架和理由；本研究分期的标准及分期的具体内容等。

之所以进行分期研究，其理由就如史学家E.M.茹科夫所指出的，"历史过程的分期可以帮助理解历史过程的意义，便于揭示历史过程的内在规律，因而使我们有可能进行科学的概括"。[1] 这个理由同样适用于奥运与科技互动发展历程的分期。

一、分期的一般研究

不同的文明对待历史研究中的分期有所不同，而且史学的分支学科不同分期也有所不同。分期对于史学研究的作用，就如傅斯年先生曾谈道的，"凡研治'依据时间以为变迁'之学科，无不分期别世以御纷繁"。"置分期于不言，则史事杂陈，樊然淆乱，无术以得其简约，疏其世代，不得谓为历史学也。"[2] 同样，对奥运与科技互动的历史也是如此。

---

[1] E.M.茹科夫.历史方法论大纲·历史的分期[M].王灌，译.上海：上海译文出版社，1988.
[2] 傅斯年.史学方法导论[M].北京：中国人民大学出版社，2004：52.

西方受宗教传统影响较大。自犹太—基督教开启了两种历史分期模式［但以理《旧约》中的"四王国（四个季节）"模式和奥古斯丁"六阶段（生命六个时期）"模式①］后，直到近代，西方才开启了史学研究的分期传统。此后，各种不同的历史分期不断涌现。尽管希罗多德九卷本《历史》是按照时间顺序来记录那些能反映"人类的功业"的事件，塔西佗的《编年史》同样也是按时间顺序来撰写历史，但是这两者均没有历史分期。

中国受政治史传统影响较大。《春秋·公羊传》里有"据乱世、升平世、太平世"的社会区分，《礼记·礼运篇》里有"乱国、小康、大同"的社会划分，但是这些都是对理想社会所做的划分，并非是对史实所做的分期。而韩非子的"上古、中古、近古"②说是比较早的分期说，后世也有王夫之的中国历史"凡三变"③之说等。需要指出的是，尽管司马迁并未言明他的三千年古史分期，但是后世学者仍能从《史记》中分析出暗含着某种分期。例如，张大可先生认为，司马迁将历史分为上古、近古、今世3个阶段，以及五帝三代、十二诸侯、六国、秦楚之际、汉兴到武帝太初四年5个时期。他还指出，通过《史记》十表来看，上古包括《三代世表》和《十二诸侯年表》，近古包括《六国年表》和《秦楚之际月表》，其余六表为今世段落。④

大体来说，不论是西方还是中国，在史学研究早期（近代史学诞生之前），都是完全跟从历史事件发生的自然秩序来记录的，只有事件的自然单元，而无宏观的分期。⑤不论中国还是西方，"通史却都没有强调对所覆盖的历史做自然的和政治纪年之外的分期"。⑥

但是，自近代以来，历史研究中的分期观念及其传统主要来自西方。明确出现分期观念可以追溯到维科所著的《新科学》。在《新科学》一书中，维科认为世界上所有的民族都必须经过这种理想的人类永恒历史，这一历史可以分

---

① 雅克·勒高夫.我们必须给历史分期吗？［M］.杨嘉彦，译.上海：华东师范大学出版社，2018：2-4."六阶段"说也有另一个说法，即"七阶段"说：生命的7个时期。
② 参见韩非子的《韩非子·五蠹》。
③ 参见王夫之的《读通鉴论·叙论》。
④ 参见张大可的《史记研究·史记断限考略》《史记论赞辑释·十表序说明》等著作。
⑤ 赵轶峰.历史分期的概念与历史编纂学的实践［J］.史学集刊，2001（4）：1-6.
⑥ 同⑤。

成3个阶段：神的时期、英雄时期和人的时期。[1]将世界历史分为4个时期的做法由伏尔泰提出，尽管他使用的"世纪"这一称呼带有对某一时期的一种"称颂"的含义，但是却对后世产生了积极的影响。很明显，我们受西方分期影响较大，尤其是受到马列主义的社会分期和时代分期的影响。

在分期问题上，不仅东西方存在着不同的史学传统，而且不同史学分支也存在着不同的传统，尤其是近代以来，社会史、政治史、经济史、科学史、技术史、军事史及文化史都呈现出不同的分期。

本研究涉及的是奥运与科技互动发展历程的分期，因此需要将奥运的分期与科技史的分期这两个方面结合起来。以下将从这两个方面介绍现代奥运发展史的分期和科技发展史（主要是技术发展史）的分期研究，以期对下一步研究提供基础。

（一）从现代奥运发展史的角度来看

当前有关现代奥运史分期的研究不多，本研究将从两个方面对这类研究进行概括。

从奥林匹克运动本身的角度，有的学者按照奥林匹克运动发展过程中所体现的特征将其分为4个阶段：艰难探索（1894—1914年）、初具形态（两次世界大战之间）、发展与危机（第二次世界大战后至1980年）及改革与创新（1980年至今）。[2]《奥林匹克运动通史》将1894年后1个多世纪的奥林匹克运动发展划分为6个阶段：奥林匹克运动的艰难探索（1895—1918年）；奥林匹克运动体系的初步形成（1919—1952年）；奥林匹克运动在曲折中发展（1953—1968年）；奥林匹克运动的发展与危机（1969—1980年）；奥林匹克运动的改革与创新（1981—1996年）；奥林匹克运动体系日臻完善（1997—2008年）[3]。

也有从现代奥运会的某项专门活动来进行研究的，如以开幕式为对象，对

---

[1] 维科.新科学[M].朱光潜，译.北京：人民文学出版社，1986.
[2] 任海.奥林匹克运动[M].北京：人民体育出版社，2005.
[3] 罗时铭.揭示百年奥运发展的历史奥秘：读崔乐泉博士的新著《奥林匹克运动通史》[J].山东体育学院学报，2008（7）：95–96.

其进行史学的分期研究。研究者将开幕式的演进过程分为4个时期，即框架的搭建（1896—1912年）、战争夹缝中的突进（1920—1936年）、从仪式到展演（1948—1976年）、作用与反作用（1980年至今）。[①] 在此方面，也有学者认为开幕式经历了5个阶段的发展，即以开幕式表演形式变化为标准将其分为：开幕式表演萌芽时期（1896—1912年），开幕式表演初兴时期（1920—1936年），开幕式表演成熟时期（1948—1980年）、开幕式表演变化时期（1984—1996年）、开幕式表演多元化整合时期（2000年至今）。[②] 还有学者依据奥运村的功能将奥运村发展历程划分为5个阶段：第一阶段（1896—1928年）——早期奥运会的临时性住宿方案；第二阶段（1932—1936年）——奥运村的探索期；第三阶段（1948—1956年）——奥运村的发展期；第四阶段（1960—1976年）——奥运村的全面发展期；第五阶段（1980年至今）——奥运村的可持续发展期[③]。

上述奥运发展史分期没有涉及奥运体育不同运动项目和赛事的历史研究，并未给出某种分期。

（二）从技术发展史的角度来看

当前有关技术发展史分期的研究，有学者做出一些综述，本研究将以两位具有代表性的成果为基础，进行简单阐述。

学者陈平将技术革命史分期概括为3种：一是技术路线论；二是技术倾向论；三是综合体系论。然后他提出了分期的基点，并在此基础上，提出了他的技术革命史分期：工作机革命（1764—1830年）、传输机革命（1830—1945年）、控制机革命（1945年至今）[④]。

学者姜振寰认为，"作为技术史分期的原则应满足3个方面：能够体现技

---

① 牛静，郭传鑫.现代奥运会开幕式历史演进的研究［M］.广州：世界图书出版广东有限公司，2011.
② 肖红，肖光来.现代奥运会开幕式表演的历史变迁、机制和启示［J］.北京体育大学学报，2015，38（3）：28-34.
③ 高侠.奥运村历史演进研究［D］.北京：北京体育大学，2009.
④ 陈平.技术革命史分期问题初论［J］.自然辩证法通讯，1980（3）：44-47.

术内在发展的逻辑性；能够体现技术发展不同时期的质的阶段性；能够反映出不同历史时期人们对自然规律的掌握程度及社会生产力发展的水平"。① 据此，该学者将技术史分期的多元性及其标准做了概括：社会史的分期（参照马克思的社会发展五阶段）、从工具到机器发展的分期（技术的简单到复杂的过程）、"技术周期系"的分期（借鉴门捷列夫周期表）、常见的时间分期（辛格 7 卷本《技术史》的古代、近代、现代的分期）、哲学领域的分期（主要是技术哲学）、社会或技术革命的分期（重大变革）、典型事例分期（汤浅光朝参照经济发展）及综合技术门类的分期（星野芳郎的综合体系论）等。另外，该学者还提出了自己的分期：以"主导技术"更迭为基础的分期。

此外，学者阎康年认为，技术史分期应考虑 5 项原则：技术要素质的差异、这种差异对整个技术全面和本质的作用、分期标志简单鲜明稳定、兼顾过去与未来的技术特点、与科学和工业史相关联。②

上述这些分期都是针对技术本身发展而言的，并没有对技术的社会化应用及其与其他社会要素互动的历史进行分期。而本研究的任务之一就是要着手解决这方面的问题。

本研究既要考虑奥运本身发展的分期又要考虑技术发展史的分期，应该尝试着将两者结合起来，才能对科技奥运历史的分期有一个基本的把握。因此，本研究的分期是将奥运与科技的发展和逻辑结合起来，并将它们置于互动的进程来把握的。

二、分期的构成要素

在上述研究的基础上，本研究将从 3 个方面来阐述分期具体包含哪些内容。一般而言，包括分期的标准、分期的时段（阶段）、分期的命名。

---

① 姜振寰. 技术的历史分期：原则与方案［J］. 自然科学史研究，2008（1）：13-27.
② 阎康年. 技术定义、技术史和产业史分期问题探讨［J］. 科学学研究，1984（3）：22-31.

（一）分期的标准

通常，分期是根据不同的研究对象、不同的研究目的，以及不同的研究内容来确定的，因此，分期的标准也呈现出了多样性。不同的研究对象、目的和内容可以进行不同标准的分期，而同一个研究对象或内容，目的不同分期的标准也会不同。

从大的类别来看，主要有两种分期类型：社会分期法和时代分期法。有学者对此做出研究，该学者指出，按照社会形态的不同进行分期是社会分期法；按照社会进步形式的不同进行分期是时代分期法。[1]

本研究认为，社会分期主要是按照社会活动的不同特点来进行分期的。社会分期法会依据不同学科的角度来进行分期，也会依据其他的社会构成要素来进行分期。

常见的学科主要有政治、经济、社会、哲学、科学、技术、法律、军事、宗教、工业、环境、心理等。可以从这些学科的角度来进行分期，如西方哲学史常见的分期：古希腊罗马哲学时期（公元前6世纪至公元5世纪前期）、中世纪哲学时期（公元5—15世纪）、近代哲学时期（15世纪中期至19世纪40年代）和现代哲学时期（19世纪40年代至今）。

社会构成要素的分法主要有思想（观念）史、文化史、文明史等角度。近年来，人们越来越重视思想史研究，其中尤以彼得·沃森的《思想史》为特色，他按照想象、灵魂、欧洲和实验来对人的思想史进行分期。[2]

本研究认为，时代分期法主要是指按照时间（时期或时代）的不同来进行分期。时代分期法是最为常见的分期。

此外，还需要注意的是，在把握分期标准不止一个的前提下，可以确立一个标准后，根据研究目的的不同再确立一些"子分期"的标准。[3]

---

[1] 王占阳. "时代分期法"要论[J]. 史学理论研究，1994（3）：126-129，101.
[2] 彼得·沃森. 思想史：从火到弗洛伊德[M]. 胡翠娥，译. 南京：译林出版社，2018.
[3] 傅斯年. 史学方法导论[M]. 北京：中国人民大学出版社，2004：57.

（二）分期的时段（阶段）

按照时段的数目不同进行分期，这是将分期分为几个阶段的问题。常见的有"二分法""三分法""四分法""五分法""六分法""七分法"等。以下我们列举一些常见的不同分法的例子。

奥古斯丁在其著作中采用过"二分法"，他将人类历史分为两大时期：福音准备时期和福音传播与胜利时期，这两大时期是以基督的降生为标志或转折点的。[①] 摩尔根按照人类社会进步的程度将人类社会分为蒙昧、野蛮和文明3种社会的"三分法"。[②] 孔德将人类认识或理论思想分为三大历史阶段：神学阶段、形而上学阶段和科学阶段。[③] 中国历史常见的四阶段划分：原始社会史（公元前4000年之前）、中国古代史（公元前4000—1840年）、近代史（1840—1949年）、现代史（1949年至今）。或者：原始社会时期（公元前4000年之前）、先秦时期（公元前2000年至公元前221年）、帝制时期（公元前221—1840年）、近现代时期（1840年至今）。或者参照孔德或维科，按照历史记录是否真实可信划分为神话时代、传说时代、半信史时代和信史时代。马克思将人类历史按照先后相继的社会形态进行划分：原始社会、奴隶社会、封建社会、资本主义社会和共产主义社会5个阶段。[④] 奥古斯丁根据基督教关于上帝创造世界用了7天时间的说法，把人类历史分为7个时期，即7个年龄段（也称"年龄分期法"）：婴儿期、儿童期、青年期、成年期、壮年期、老年期和终结期。[⑤] 当然，终结期就不归为人类社会了，而是归为了上帝，因此，他的分期也被认为是前6个时期。

从目前的研究来看，国内学术界关于科技奥运的分期主要有两种：一是"三分法"；二是"四分法"。

（三）分期的命名

这涉及名称与历史史实相一致的问题。分期的命名是基于研究对象的本质

---

① 奥古斯丁. 忏悔录 [M]. 周士良, 译. 北京：商务印书馆, 1963.
② 摩尔根. 古代社会（上）[M]. 杨东莼, 马雍, 马巨, 译. 北京：商务印书馆, 1977：3.
③ 孔德. 论实证精神 [M]. 黄建华, 译. 北京：北京联合出版公司, 2013：1-2.
④ 马克思. 马克思恩格斯选集（第1卷）[M]. 北京：人民出版社, 1995：68.
⑤ 奥古斯丁. 上帝之城 [M]. 王晓朝, 译. 北京：人民出版社, 2006.

属性来进行的，是对对象本质属性的认识成果的表达。此外，还有一些使用比附的手法来命名的，或是借用其他领域的命名来进行的。

命名十分重要，应该认真对待，但也有一定的难度，不可随手拈来，或不假思索地随意命名。冯天瑜曾经指出，历史分期的命名颇费周折，却又切关紧要，绝非一些学者所言的"名词之争""很无意义"。①

命名，尤其是明确、清晰和正确命名的重要性体现在以下几个方面：①它是对分期认识的一个结果，也是之后研究的必要条件，没有这种认识一切就无从谈起；②它也是分期认识的准确表达，表达不准确将对后续研究产生错误影响；③它是区分不同分期的重要因素之一，也是一种识别不同分期的明显标识。因此，我们需要重视分期命名的问题。

针对一些学者对命名问题所采取的轻慢和随意的态度，冯天瑜指出，这是形式逻辑不发达的中国的一种积习的表现。如果要弄清楚就需要从历史源流上加以追溯。②的确如此，表面上看，命名是词语的表述，实则是概念的表达，使用概念表达所达到的准确性才是命名的根本所在。

命名要注意以下几个方面：①它是对分期标准的本质反映，因此对命名所用之词语要进行必要的锤炼；②它需要尽量以标准的术语来反映，或以严格的概念来命名；③即使命名采取"形象"的语词，但也是对分期某种特性的反应；④同一标准分期的命名要注意这些命名词语在性质上的一致性，这是逻辑所要求的。

命名本身也有一定的标准，有学者给出了一些标准，我们可以做参考。这些标准的要点是：其一，命名须准确反映该时段的实际，概括研究对象在该时段的本质属性，此谓之"制名以指实"；其二，若借用旧名，必有引申，以达成与旧名的可隔，如此方能形成区别于旧名的新术语；其三，命名须观照相对应的国际通用术语，其内涵、外延均应与之吻合或接近，此谓之"中外义通约"；其四，汉字是表意形声文字，所拟名目应能从字形推索其义，而不可形义错置，此谓之"形与义切合"。此外，命名应当简洁明快，便于理解，寓深意于浅近之中。③

---

① 冯天瑜.历史分期命名标准刍议[J].文史哲，2006（4）：52-56.
② 同①。
③ 同①。

分期较为普遍但又极为重要，它是史学研究的基础，我们不可不认真对待。分期是要"找到有意义的，使整体相对融贯起来的分割方式。""必须找出恰当的关节点以便将历史分期，即用一种有意义的结构取代时间那无法把握的连续。"①

三、分期的逻辑基础

在国内学术界，对科技奥运这个概念框架阐述最全面的是来自北京市科学技术委员会和北京大学首都发展研究院共同编著的《科技奥运》一书。编者以美国学者迈克尔·波特的竞争优势理论的价值链方法为基础，对奥运价值链进行了建构，并以此为基础，提出了一个科技奥运的概念框架。②

该框架认为，奥运活动的价值链是由基本活动与辅助活动两部分构成的。该价值链包含的各个方面如图 3-1 所示。

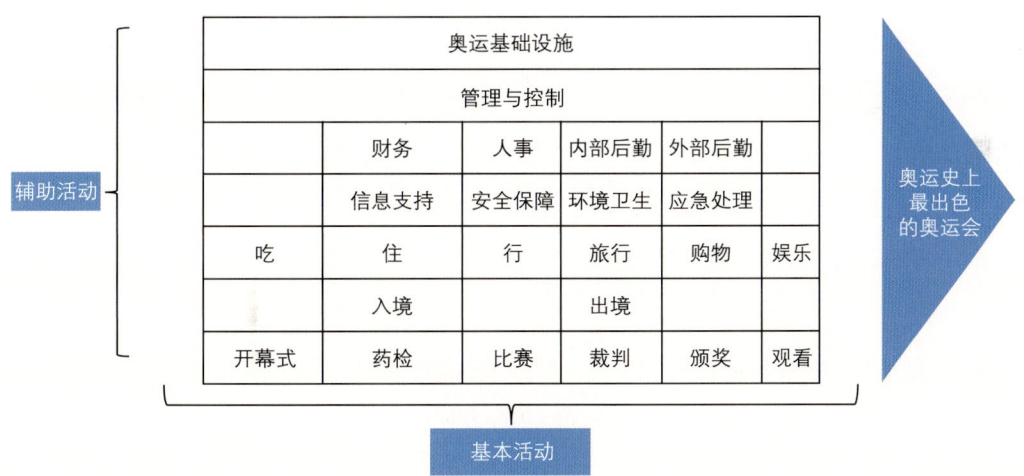

图 3-1 奥运价值链

---

① 普罗斯特.历史学十二讲[M].王春华，译.北京：北京大学出版社，2018：116-117.
② 北京市科学技术委员会，北京大学首都发展研究院.科技奥运[M].北京：北京科学技术出版社，2001：42-46.

在上述价值链的基础上，提出了"科技奥运"框架，并绘制了一个框架表格。该表格的横轴是新兴科技群及其前沿进展，包括信息科技、新材料科技、新能源和环保科技、生物医药科技、建筑科技及管理技术等现代科技。纵轴是奥运会的各个环节，如体育比赛、饮食、住宿、交通、购物、娱乐、通讯与媒体、安全及其他等。[①] 由此可以看出，"科技奥运概念框架就是指一种由技术应用结构为基本逻辑体系建构起来的一个数据模型"。[②]

该框架存在的问题：一是有的分类过宽，有的分类过细，如体育比赛这一分类过宽，而饮食与住宿过于细分；二是非体育的购物与娱乐也被纳入了框架中，应该说，与非体育有关的一般技术似乎不应该加入奥运中；三是只要能嵌入奥运的科技都被囊括其中了，这显得没有突出科技应用的针对性，即没有突出科技应用的特点。

但是令人遗憾的是，上述《科技奥运》编写组的学者们仅仅是在提出奥运价值链和科技奥运的概念框架后，就转而对当前的科技奥运，尤其是北京科技奥运的诸方面进行了研究，唯独没对科技奥运的历史做出某种考察。

在以上概念框架的基础上，对奥运科技历史做出考察的是另一位从事科技哲学研究的学者董传升，他提出了第一个科技奥运"三分法"的分期标准。[③] 依据技术角色变化情况，他将现代技术在奥运会上的应用史划分为技术辅助时期（1~4届，1896—1908年）、技术支持时期（5~19届，1912—1968年）、技术依赖时期（第20届至今，1972年至今）。

在董传升"三分法"分期的基础上，学者王玲提出了另一个科技奥运"四分法"的分期标准。[④] 在分析奥运与科技契合关系时，其将科技与奥运的契合进程划分为4个阶段：科技与奥运契合的萌发（1~4届）、科技与奥运初步契合（5~19届）、科技与奥运契合的完成（20~26届）、科技与奥运契合的深化（27届至今）。

---

① 北京市科学技术委员会，北京大学首都发展研究院. 科技奥运［M］. 北京：北京科学技术出版社，2001：44.
② 董传升. 科技奥运的困境与消解［M］. 沈阳：东北大学出版社，2004：37.
③ 董传升. 科技奥运的困境与消解［M］. 沈阳：东北大学出版社，2004：52-63.
④ 王玲. 论科技与奥运的契合［M］. 沈阳：东北大学出版社，2008：27-43.

这两位学者的分期是有关联的。从客观上说，王玲的分期是对董传升的继承和进一步深化。这也表明"历史学家不是在每次研究时都整个重构时间：他接受已经由其他历史学家加工过的、分好期的时间"。①

董传升分期的标准是技术应用中角色的变化，将科技奥运分为3个阶段；在此称其为技术应用的"作用/影响论"。而王玲分期的标准也是"现代科技在奥运发展过程中的角色"，并以这种应用是否与奥运之间形成契合为标准，②将科技奥运分为4个阶段；在此称其为技术应用的"契合论"。

很明显，"作用论"和"契合论"研究的是科技在奥运中的应用，这两者仍然强调的是科技单方面在奥运中的应用，尽管一个重视科技产生的影响或作用，一个注重科技与奥运的契合。这两者都具有以下特点：一是都从科技出发来研究奥运，而不是从奥运出发来考察科技；二是都强调了科技的应用，而没有强调奥运对科技的需求；三是揭示了应用是科技发展的逻辑结果，而未揭示奥运对科技需求的复杂过程。

上述两位学者的分期标准基本上是一样的，但是分期的阶段却不同，原因可能有两个：一是学者们由于不同的认识或学术角度，来对同一研究对象进行分期，尽管分期标准相同，但仍会在分期的阶段上发生分歧；二是不同学者的研究目的不同（研究目的是根据所要揭示对象的不同方面而定），所以分期阶段不一样。

本研究仍以《科技奥运》编写组的奥运价值链为基础，但是在科技奥运概念框架方面，做出了一定的调整，由此提出了本研究的概念框架。

本研究在借鉴《科技奥运》编写组提出的奥运价值链和科技奥运概念框架基础上，建立了一个横纵轴结合的表格式概念框架，横轴为信息科技、材料科技、环保科技、医药健康科技、智能科技及建筑科技等；纵轴为办赛、参赛和观赛等奥运会的各项活动，如表3-1所示。

---

① 普罗斯特.历史学十二讲［M］.王春华，译.北京：北京大学出版社，2018：119.
② 王玲.论科技与奥运的契合［M］.沈阳：东北大学出版社，2008：27.

表 3-1 科技奥运框架

	信息科技	材料科技	环保科技	医药健康科技	智能科技	建筑科技	能源科技	其他科技
办赛								
参赛								
观赛								

四、本研究分期的标准及分期的具体内容

在上述概念框架基本逻辑的基础上,我们提出了本研究奥运与科技互动发展的"融合论"。除了确立上述必要的概念框架之外,本研究的"融合论"体现了"科技奥运以人为本"的理念,是"科技以人为本"的理念在体育事业中的体现,这不仅突出了"奥运与科技的融合",也凸显了"科技奥运与人的融合"。

具体而言,在奥运与科技的互动中,通过"科技在奥运的应用"与"奥运对科技的需求"这两个方面的互动,形成奥运与科技的融合,而这种融合成功的标志是"科技在奥运赛事上的出现与使用",也即各项科技产品在奥运赛事上得到了具体的展现和使用。

由此可以看出,互动是奥运与科技融合的过程,融合是奥运与科技互动的目的。科技可以通过应用进入奥运体育事业中,这是"科技体育化"的进程;奥运体育事业对科技的需求,这是"体育科技化"的进程;两者互动的结果是科技被接纳和在奥运赛事上得到使用。因此,使用是奥运与科技互动的结果,也是奥运与科技融合成功的标志。科技应用、奥运选择、奥运与科技互动、奥运与科技融合及科技使用的关系如图3-2所示。

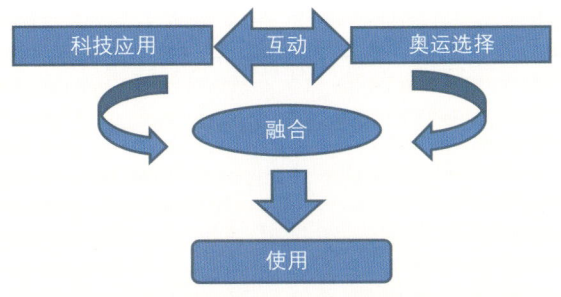

图 3-2 奥运与科技互动"融合论"的关系

在此基础上，本研究基于奥运与科技互动的"融合论"，以奥运与科技互动融合的关系及其紧密程度为标准，采用"四分法"对奥运与科技互动发展历程做出分期，分别是互动萌芽期（1896—1908 年）、互动生长期（1912—1968年）、互动壮大期（1972—2004 年）、互动融合期（2008 年至今）。这种分期反映了奥运与科技互动融合的发生过程，即从互动的萌发或产生阶段、生长和发育展开阶段、成长和壮大阶段及达到成熟阶段这样的过程。从发生学的角度，借用生物学的概念来命名这 4 个阶段。

在整个互动融合的进程中，构成奥运与科技互动发展的各个具体要素或环节也存在着与上面四阶段分期对应的发展特征，这主要体现在 3 个方面：奥运本身发展环节（奥运本身的发展状况）、技术作用奥运环节（技术对奥运产生的作用）、应用于奥运中的技术本身的实际发展程度技术应用环节（技术的应用范围）等，具体环节及其相应阶段的发展特征如表 3-2 所示。

表 3-2 奥运与科技互动发展的具体环节及其相应阶段的发展特征

奥运与科技互动关系的紧密程度	奥运本身的发展	技术对奥运产生的作用	应用于奥运中的技术本身的实际发展程度
互动萌芽期（1896—1908 年）	起步探索期	辅助	萌芽期
互动成长期（1912—1968 年）	规模成长期	支持	缓慢扩展期
互动提升期（1972—2004 年）	反思完善期	依赖	快速发展期
互动融合期（2008 年至今）	成熟发展期	主导	全面应用期

从技术方面来看，技术应用于赛事，并发挥了相应的作用，技术的体育赛事化特征明显；而从赛事方面来看，其所提出的技术需要也得到了满足，体育赛事容纳了技术，体育赛事的技术化增强，这就实现了两者的互动融合。

体育事业对科技需求的主动性在逐渐提高，技术应用的主动性仍在继续增加或加速。奥运体育事业的发展，包括基础设施、运动成绩和赛事转播都无法摆脱对技术的依赖，同样技术的体育化是技术社会化的重要方面，是技术发展的必然逻辑，两者互动的结果是越来越融合共存。

第六章
奥运与科技互动发展历史分期

一、互动萌芽期：1896—1908 年（第 1～4 届奥运会）

这一时期，奥运思想理念尚未传播开来，奥运规模和管理体制尚未成型；奥运与科技处于零星互动发展状态，科技在奥运中的功能发挥十分薄弱，奥运会场和赛场几乎看不到科技的踪影，奥运与科技互动的规模和密度非常小；奥运与科技互动尚未形成紧密的联系，处于一种相对松散的状态。

（一）现代奥运会：起步探索期

1894 年国际奥委会成立，1896 年第 1 届现代奥运会出现，但是现代奥林匹克运动创始人并没有找到一个合适的发展模式，现代奥林匹克运动尚处于摸索阶段，具有以下特点[1]：

1. 奥林匹克运动的发展非常不稳定

奥林匹克的理念和形式刚刚开始出现，尚未完全成型，处于在艰难探索中发展的状态[2]，奥运会的规模偏小，参赛国 12～24 个不等、参赛人数 241～2008 人，比赛项目仅 9～26 个[3]。

---

[1] 高侠. 奥运村历史演进研究[D]. 北京：北京体育大学，2009.
[2] 罗时铭. 揭示百年奥运发展的历史奥秘：读崔乐泉博士的新著《奥林匹克运动通史》[J]. 山东体育学院学报，2008（7）：95-96.
[3] 奥运资料库[EB/OL].[2023-03-17]. http：//info.2012.163.com/match/olympic/.

2. 奥林匹克运动的项目设计随意性强

初期每届奥运会的项目设置变动都比较大，主办者可以临时增减事先规定的项目。前5届奥运会大项的设置从第1届的9项猛增至第4届的21项，之后又减少到13项。有的大项如田径、游泳、体操、击剑和网球继续保持，有的如板球、棒球、曲棍球、墙球和摩托艇则是昙花一现。①

3. 奥林匹克运动的基础设施缺乏统一标准

例如，奥运会运动场地功能模糊，规模不一致。跑道长度不等，1900年是333.33 m和500 m、1904年和1908年是536.45 m；1908年奥运会的体育场内设有自行车赛道、游泳池等；主体育场的规模和体育工艺设计差别很大，1896年奥运会采取的是"U"形设计，1900年奥运会是坑坑洼洼的草地跑道；没有奥运村，整体缺乏统一性。运动场地和度量标准都缺乏标准，如跑道的长度和跑道设计在各届奥运会中均不相同。

4. 奥林匹克运动的制度和组织不健全

例如，奥运会组织的随意性很大，没有报名截止日期，组织者也可以擅自改变预定的比赛日期；比赛缺乏统一的规范和标准，混用度量体系公制和英制；奥运会没有固定的时间，时长不定，少则10天，多则5个月，除了冬季，其他三个季节都出现了奥运会。

这个时期奥运会呈现的种种问题不仅与奥运会组织机构缺乏相关组织经验关系甚密，而且与当时社会经济和科技发展水平息息相关。尽管当时科技发展已经取得了一定的成绩，但对于组织全球性的综合性运动赛事来说，国际交通、信息通信等领域的科技供求矛盾仍较为突出。

（二）技术对奥运产生的作用：辅助作用

早期奥运几乎看不到技术的影子，实际技术的运用也都是其他领域一般性技术的借用。这个阶段中奥运与科技之间尚无有意识的、直接的相互影响作用，而是人类两种社会活动之间的间接关联关系；奥运会中科技的呈现仅仅是一般性技术的偶然性应用，如以一般建筑技术修建运动场、游泳池等，二者基本处于分离状态，自成一体沿着各自的逻辑和轨道发展。

---

① 高侠. 奥运村历史演进研究［D］. 北京：北京体育大学，2009.

1896年，在希腊首都雅典举办的首届现代奥运会，比赛项目仅有田径、游泳、举重、射击、自行车、网球、体操、击剑、古典式摔跤9个大项，其主要运动场是在雅典古运动场的废墟上重建而成的[①]；游泳比赛没有游泳池而是在公海里举行，以浮艇拉着的缆绳作为起终点、以水面上漂浮的南瓜作为泳道标记，泳距甚至未经过仔细测量，仅仅凭感觉估算[②]；参加百米赛跑的运动员大多身着过膝短裤和沉重的皮鞋[③]；原计划中的赛艇项目，因气候不佳，海面风大而取消[④]。

第2届法国巴黎奥运会的比赛场地不仅分散，而且设施很差。田径赛场场地十分狭小，林木横生，土质松软，跑道不平，场内设施几乎一无所有；跳跃比赛需选手自己动手挖掘沙坑；跨栏比赛的个别栏架临时用树枝架起来凑合；投掷比赛器械经常碰撞到树木的枝杈，掷出的链球有时会缠绕在树枝上[⑤]。

第3、第4届奥运会的状况与前2届类似。例如，第3届奥运会上游泳比赛的出发台是放在水中的一块浮排，因承受不了6～8人的压力，运动员站在上面时池水淹过了膝盖[⑥]。

（三）应用于奥运中的技术本身的实际发展程度：萌芽期

在这个阶段，应用于奥运中的技术本身的实际发展还处于萌芽期。在奥林匹克运动中表现出来的技术一般都是其他领域一般性技术的借用，只是某项技术在一开始简单和较为原始的应用。例如，利用建筑技术来修建体育场、游泳池。真正专门为了奥运目的而开发的技术还没有出现。1900年法国巴黎奥运会通过无线广播的形式进行了现场直播，因为电视还未发明，当时人们只能通过无线电听到现场的声音[⑦]。

---

① 第一届奥运会［EB/OL］.（2019-08-16）［2023-03-17］. http://2012.sina.com.cn/history/1.html.
② 雷楠. 现代科技伴生百年奥运［J］. 中国新通信，2006（14）：25-27.
③ 许琼玲. 奥林匹克轶事趣闻集［M］. 北京：中国少年儿童出版社，1992：90.
④ 郝宗军. 北京2008奥运盛典与奥林匹克运动全书（第4卷）［M］. 北京：中国体育出版社，2007：1193-1194.
⑤ 刘小湘. 奥林匹克与科技 运动服饰与器材的革新［M］. 长沙：中南大学出版社，2005.
⑥ 李麟. 奥运百科［M］. 呼和浩特：内蒙古人民出版社，2008：153.
⑦ 刘江，费聿辉，李鹏. 从奥运会赛事转播看摄像成像技术的进步［J］. 中国发明与专利，2012（9）：55-56.

二、互动成长期：1912—1968年（第5～19届夏季奥运会）

经历了艰难的起步和探索期实践后，现代奥运会的理念开始逐步成熟，规范化程度不断完善，规模和影响迅速扩大，进入现代奥运会的规模成长期。与此同时，随着全球经济、科技的快速繁荣发展和奥运对科技的引进应用，高新科技开始在奥运中发挥重要作用，成为奥运发展的重要动力。这一时期奥运与科技的互动程度不断加深、范围不断扩大，从简单技术应用的初级模式演变为在奥运场地设施与仪式、辅助裁判和传播传媒3个方面高新技术成果应用的模式；与此同时，奥运与技术之间的互动范围和深度也开始增加；奥运与技术互动的成果开始升级换代，形成了更为广泛和稳定的互动组织结构。

（一）现代奥运会：规模成长期

虽然这一时期的奥运会承受了两次世界大战的影响，但世界经济振兴和科技发展的步伐仍推动着奥运会不断发展成长。奥运会基本框架和运行机制基本建立，组织机制逐渐完善、赛事项目的设置逐渐合理、比赛期限基本固定。1924年国际奥组委提出了16天的奥运赛期章程，改变了奥运赛期不固定的局面。与头几届奥运会项目大项不稳定、单项变化大的局面相比，这一时期各种国际单项体育组织先后建立，奥运项目逐渐趋向稳定，国际奥委会也对赛事的大项、顺序、报名、组织工作等做出了规定；奥运规模迅速扩大、比赛设施不断优化、竞技运动水平快速提高，参赛国家和地区数量呈直线上升。1912年奥运会仅28个国家和地区参赛，1968年奥运会参赛国家和地区首次破百，达到112个。比赛设施尤其是奥运场馆、运动场地、计时度量裁判系统有了质的变化。历来传承的奥运标志和仪式，如奥运村、火炬传递、开幕式等也在这一阶段一一面世并逐渐成形稳定。

（二）技术对奥运产生的作用：支持作用

纵观这一时期各届奥运会的科技应用情况，可以发现这一时期奥运会的规模成长和成熟发展，与奥运会有意识地引进各种高新科技成果息息相关。整体来说，科技支持奥运，使得奥运场馆和设备建设越来越标准化、规范化，赛事成绩的裁决更加准确、客观、迅速便捷，也加速推进了奥运的全球化传播和发展。科技在奥运发展中所表现出的巨大推动力量，使得现代奥运会在科技支持奥运的道路上越走越远。这种支持作用主要体现为以下3个方面：

①开始有意识地引进应用科技成果来支持奥运赛事的开展和传播。自1912年第5届瑞典斯德哥尔摩奥运会起，一些高新技术被快速运用到奥运会的各项事务中，集中应用在奥运场地设施与仪式、辅助裁判和传播传媒3个方面。例如，1912年瑞典斯德哥尔摩奥运会，运动员第一次在较标准的跑道上竞赛，场内试验性地安装了电动计时器和终点摄影设备，时间精确到1/10秒。[①]1924年第8届法国巴黎奥运会新游泳池建在图里叶列体育场，池长50 m，并且第一次用明显的标志将各泳道分开，游泳池附设有跳板和跳台，看台可容纳观众1万人。[②]1928年荷兰阿姆斯特丹奥运会尝试运用了20世纪20年代发明的高速摄像机。1964年日本东京奥运会使用1963年2月14日在美国佛罗里达州卡纳维拉尔角发射的"辛科姆（Syncom）卫星"全球实况转播赛事。

②奥运对高新技术的应用场景也在不断尝试中扩增、优化。例如，1956年奥运会首次利用飞机传递奥运圣火后，1960年奥运会又通过飞机运送比赛实况录像；1928年以高速摄像机的慢速重播图像辅助裁判之后，1956年和1968年又分别以终点高速摄像机冲刺图像截图和终点高速摄影打印机来进一步优化裁判的效率。

③在组委会中建立了体育技术部专门负责与奥运会相关的技术支持工作。1932年第10届洛杉矶奥运会建成了历史上首个真正意义上的奥运村。不仅在奥运村建设过程中运用了大量的技术，而且在奥运村内配备了大量有科技含量的基础设施。[③]例如，奥运村中所有的房子都充分体现了当时的泰勒主义，即标准化的工厂预制、现场组装的施工方式。[④]另外，在奥运村提供的各种交通服务、通信服务、安保服务、医疗服务和饮食服务中也体现了科技的应用。例

---

① 奥运历史的记忆：历届奥运会场馆回顾［J］.城建档案，2008（2）：16-20.
② 同①。
③ 高侠.奥运村历史演进研究［D］.北京：北京体育大学，2009.
④ 同③。

如，设置了一家私人电话公司，有4名接话员，309条长途电话线与外界相连，并与奥运村内的210部独立电话相连，为奥运会提供通信服务。[①]设立医学部，为奥运会的全体人员提供完整且完全免费的医学服务，任命医学博士卢克朗茨为奥运会医学部主任。在奥运村中心设有医院，配备了X光仪器、化验室、物理治疗服务和急诊治疗服务，全天候有内科医生和护士值班。主要针对运动员的小伤，如肌肉拉伤、撕裂和擦伤，同时也针对暂时的疾病和留院观察。[②]

（三）应用于奥运中的技术本身的实际发展程度：缓慢扩展期

在经历了第一阶段的一般技术借用时期后，专门应用于奥运中的技术本身开始了缓慢发展，从比赛场馆到火炬传递，从辅助裁判到媒体传播都体现着技术应用，而且在奥运中应用的技术开始升级换代。奥运与科技互动成长期历届奥运会科技首次应用情况可概括为表3-3。

表3-3 奥运与科技互动成长期历届奥运会科技首次应用方向概览

	场馆、设备与仪式活动	辅助裁判应用的技术	传播传媒应用的技术
1912年第5届夏季奥运会		非正式的电子计时设备、快照照相机终点照相	播音系统
1920年第7届夏季奥运会	标准跑道		
1924年第8届夏季奥运会	有泳道的50 m长泳池		无线电广播实况转播
1928年第9届夏季奥运会	奥运火炬	高速摄像机	
1932年第10届夏季奥运会	奥林匹克村的雏形	计时秒表、终点计时照相	

---

① 高侠.奥运村历史演进研究[D].北京：北京体育大学，2009.
② 同①。

续表

	场馆、设备与仪式活动	辅助裁判应用的技术	传播传媒应用的技术
1936年第11届夏季奥运会	火炬接力、10万人的大型运动场、奥运村		部分赛事电视实况转播
1948年第14届夏季奥运会			伦敦周围奥运实况转播
1952年第15届夏季奥运会		终点高速摄像机记录	
1956年第16届夏季奥运会	飞机传递奥运圣火		
1960年第17届夏季奥运会			奥运实况全世界电视转播
1964年第18届夏季奥运会			通信卫星奥运全球直播
1968年第19届夏季奥运会		正式全面电子计时、终点摄影打印机、彩色电视转播、全面兴奋剂检查	

　　1912年瑞典斯德哥尔摩奥运会为这一阶段拉开了序幕，这届奥运会被认为是效率的典范，相较起步和探索期的奥运会，无论是参赛国家、运动员人数、场地设施还是组织工作都有了较大提高，首次实现了顾拜旦所期望的没有事故、没有抗议、没有民族沙文主义仇恨的奥运会[①]。奥运会上也有了科技方面的重大突破，首次在径赛项目引入了非正式的电子计时设备；首次用快照照相机在1500 m比赛中进行终点照相[②]；首次使用了播音系统[③]，计量时间精确到0.1秒。这也昭示着奥运与科技互动关系的正式形成，此后科技促进奥运的每一步前进与发展。

---
① 齐浩然.有趣的科学知识系列　不为人知的奥运故事［M］.北京：金盾出版社，2015：21.
② 第五届1912年斯德哥尔摩奥运会简介［EB/OL］.［2023-03-18］.http://info.2012.163.com/match/2276.html.
③ 第五届：1912年斯德哥尔摩奥运会［EB/OL］.（2012-07-11）［2023-04-20］.http://www.sport.gov.cn/n4/n14741/n14751/c734729/content.html.

1920年比利时安特卫普奥运会兴建了一个能容纳3万人左右的贝绍特田园运动场（Beerschot）[①]，配备了专业的400 m煤渣跑道，成为首次使用标准跑道的奥运会，为田径运动的标准化和规范化奠定了基础；该届奥运会也是首次引入"更快、更高、更强"（Citius，Altius，Fortius）的奥林匹克格言、标志奥林匹克思想产生重要进展的奥运会。

1924年法国巴黎奥运会上，"科龙市"运动场容纳人数已达到6万余人，专门修建了供游泳比赛的场馆——图里叶列体育场，游泳比赛首次使用了有泳道的50 m长泳池[②]，形成了奥林匹克村的雏形，并首次实现了无线电广播实况转播[③]，与以往有关奥运会的消息只能通过报纸获得，往往要等奥运会结束很久后才能获得相关信息不同，这届奥运会的比赛信息可以第一时间通过广播获取，奥运会的受关注程度得以大大提高。

1928年在荷兰阿姆斯特丹举办的第9届奥运会，东道主为了进一步扩大奥林匹克运动的影响，特意建造了一座高塔，奥运会期间高塔一直燃烧着熊熊火焰。火种取自奥林匹亚，用聚光镜聚集阳光点燃火炬，然后通过接力传送，途经希腊、南斯拉夫、奥地利、德国4个国家，最后传到东道国的奥运会会场[④]。这是奥运火炬的首次呈现，也是对当时科技水平新高度的展现。此外，该届奥运会首次投入使用了20世纪20年代荷兰发明的高速摄像机，这台高速摄像机应用了当时顶尖的图像处理技术，能够协助裁判员以慢速重播的图像更精准地判定运动员的动作，以便做出更为公正的赛事裁决[⑤]。

1932年美国洛杉矶奥运会首次使用了瑞士欧米茄（Omega）公司提供并控制的计时秒表，首次应用终点计时照相[⑥]，"基尔比发明了一个两眼照相机，

---

① 第七届奥运会主场馆：贝绍特田园运动场［EB/OL］.（2006-08-08）［2023-04-20］. http://sports.sina.com.cn/o/2006-08-08/00522383799.shtml.
② 奥运场馆卫星图集：盐湖城矿坑如褐色疤痕［EB/OL］.（2010-02-04）［2022-12-10］. https://tech.sina.com.cn/d/2010-02-24/02493874553.shtml.
③ 奥运会的科技里程碑［J］.每周电脑报，2008（26）：14-15.
④ 雷楠.现代科技伴生百年奥运［J］.中国新通信，2006（14）：25-27.
⑤ 奥运会上的"黑科技"：IEEE与你历数奥运史上的科技关键词［EB/OL］.（2016-08-19）［2023-01-19］.http://www.sohu.com/a/111205953_119922.
⑥ 奥运知识小短篇［EB/OL］.［2023-04-02］.http://www.jjwxc.net/onebook.php？novelid=303235&chapterid=55.

一个负责终点线,另一个照计时表",并首次为男运动员修建了宿舍,形成了奥林匹克村的雏形。

1936年德国柏林奥运会首次实现通过黑白电视机转播奥运会实况[①②]。德国电视台通过仅有的3台如今看来非常庞大笨重的摄像机制作出图像质量很差的电视图像,对波茨坦、莱比锡等地区的比赛进行实况转播,并用纪录片的形式对奥运会进行了较为完整的纪录。虽然其效果离"清晰、高速、逼真"的要求还相距甚远,但是开创了电视技术与奥运会结合的先河[③],使奥运会的新闻传播进入了新的阶段。此外,该届奥运会上首次举行了火炬接力,并用花岗岩、大理石等新建了一座能容纳10万人的大型运动场、能容纳2万名观众的游泳池,修建了比洛杉矶更豪华舒适的奥运村[④]。

1948年英国伦敦奥运会真正进入了电视媒体时代,英国广播公司使用一个带有三镜旋转台和电子取景器的摄影机记录了比赛的过程,用电视转播了奥运会,伦敦周围50英里范围约50万名观众观看了转播[⑤]。

1952年芬兰赫尔辛基奥运会首次采用终点高速摄像机技术来记录运动员的终点成绩,指向终点线的摄像机在运动员冲刺时高速拍下各位运动员冲刺的图像,经图像处理系统将图像叠加后显示出来,虽然图像在一定程度上被拉伸变形,但也足以让裁判员们第一时间内做出正确的判断[⑥]。

1956年澳大利亚墨尔本奥运会首次利用飞机传递了奥运圣火,这是自1903年第一架用发动机驱动的飞机成功试飞以来,飞机第一次被运用到奥运会中,奥运火种从奥林匹亚采集后用飞机传递到墨尔本,总行程共2万多千米[⑦]。

1960年意大利罗马奥运会首次向全世界电视转播了奥运会的比赛实况,录

---

① 首次实现电视实况转播[EB/OL].[2023-04-02]. http://it.sohu.com/20070415/n249446929.shtml.
② 刘江,费聿辉,李鹏.从奥运会赛事转播看摄像成像技术的进步[J].中国发明与专利,2012(9):55-56.
③ 同②。
④ 体育图书编委会.奥运百年典藏版[M].长春:吉林科学技术出版社,2012:65.
⑤ 张江南.电视与奥林匹克传播[M].武汉:华中师范大学出版社,2012:35.
⑥ 奥运会上的"黑科技":IEEE与你历数奥运史上的科技关键词[EB/OL].(2016-08-19)[2023-01-19]. http://www.sohu.com/a/111205953_119922.
⑦ 雷楠.现代科技伴生百年奥运[J].中国新通信,2006(14):25-27.

像带通过飞机运送到世界各地，可供播放前先对录像磁带进行剪辑，并实现了精彩镜头的重放①。

1964年日本东京奥运会首次通过美国发射的"辛科姆"通信卫星实现了奥运全球直播，此时的电视观众已从数十万人猛增到数亿人②。这届奥运会使用了广播、电视、报纸、杂志等各种公共传播媒介进行宣传，同时还修建了一个高达331.36 m的电视发射塔。

1968年墨西哥城奥运会是历史上首次正式全面使用电子计时的一届奥运会，所有计时设备全部实现电子化，计时员的功能只限于核对，此次奥运会也是首届运用终点摄影打印机（Photos Print）的奥运会，能将参赛者跨越终点线的瞬间定格在一张照片里，比赛结束后的一分钟内，裁判就能获得一张被清楚放大的图像，上面精确显示着所有参赛者的比赛成绩③。1968年墨西哥城奥运会真正实现了用彩色电视机转播奥运会，人们通过电视看到了一届有色彩的、逼真的奥运会，这是摄像成像技术朝着"更逼真"目标前进的一大步④。此外，1968年墨西哥城奥运会和同年的格勒诺布尔冬奥会上，第一次在所有比赛项目中正式实施了全面的兴奋剂检查⑤（1960年意大利罗马奥运会上，一名服用兴奋剂的选手在自行车会场发生了事故，经解剖，发现是因服用了兴奋剂所致，使得奥组委开始实行兴奋剂检查）。

三、互动提升期：1972—2004年（第20～28届夏季奥运会）

随着科技在奥运中越来越广泛的应用，科技以其表现出的巨大效力日益成为奥运所不可或缺的一部分，成为奥运各个环节运转的轴心，甚至直接影响奥运理念、奥运规则，奥运也开始以需求推进科技拓深，二者相互渗透、相互契

---

① 张江南.电视与奥林匹克传播［M］.武汉：华中师范大学出版社，2012：35.
② 同①。
③ 奥运会的百万分之一秒，欧米茄定义精准［EB/OL］.（2017-12-05）［2023-04-01］. http://fashion.ifeng.com/a/20171205/40286640_0.shtml.
④ 刘江，费聿辉，李鹏.从奥运会赛事转播看摄像成像技术的进步［J］.中国发明与专利，2012（9）：55-56.
⑤ 徐锐锋，戴新华，王卫华.奥运会与兴奋剂检测［J］.中国计量，2008（7）：17-18.

合、相互促进。在这一时期，奥运开始依赖技术，应用于奥运中的技术本身进入了快速发展期，科技已经全面渗透到奥运的各个环节，包括场地、设施、装备、训练、裁判等，与此同时，奥运对技术提出了深度需求，需求范围种类较多，奥运与科技之间的界限变得模糊，"技术奥运"的概念开始出现。

（一）现代奥运会：改革创新期

伴随着现代奥运会规模的成长，奥运会日益显现的社会化、大型化、综合化趋势与政治力量对奥运的异化意图，传统奥运会拒绝商业的封闭格局形成的举办国财政负担繁重等问题日益凸显，因此，这一时期的奥运会以开放、肯定商业化和政治作用的积极态度和务实的作风为特点，重视环保和奥运后可持续利用的理念，进入了现代奥运会改革创新发展时期。

1980 年，西班牙人萨马兰奇出任国际奥委会主席后审时度势，开始对奥林匹克运动进行全面改革。这场改革的核心内容有以下几个方面：一是变封闭为开放，使奥林匹克运动跟上社会前进的步伐。国际奥委会一反过去视商业化为洪水猛兽的陈腐观点，充分肯定了商业化对体育运动的积极作用，大胆引进市场经济体制，积极有效地对奥运会进行多种商业开发，沟通系统内外物质能源交换的通道，给奥林匹克运动的发展打下了坚实的经济基础。[①] 二是国际奥委会以现实主义的态度承认体育运动不可能独立于政治之外。这一思想使国际奥委会与政府和非政府组织建立了广泛的联系。国际奥委会更加积极主动地对大众体育、体育科学、文化教育等多个领域进行开拓，使奥林匹克运动的影响越来越大，而不仅仅是定期举办奥运会。[②] 此次奥运会的改革创新为后期市场力量和政府力量的加入奠定了基础。三是国际奥委会对夏季奥运会建筑对城市生态环境和冬季奥运会对自然生态环境的影响提出要求，并强调奥运场馆的会后利用。1992 年，国际奥委会正式成立环境委员会，环境保护被列为现代奥运会的主题之一。在 1994 年利勒哈默尔冬奥会的筹备工作中，国际奥委会和奥组

---

① 罗时铭.揭示百年奥运发展的历史奥秘：读崔乐泉博士的新著《奥林匹克运动通史》[J].山东体育学院学报，2008（7）：95-96.
② 同①。

委也将环境保护列为首要原则，为了保护生态环境，曾几度修改设计方案，从而赢得了环境保护组织的尊敬。1996年，《奥林匹克宪章》将环境保护列入国际奥委会的主要任务之一。

（二）技术对奥运产生的作用：依赖作用

在这一时期，技术不仅在场地、设施和运动员装备等方面发挥着更大作用，而且在运动训练和比赛等方面也开始显现威力。人们开始更多地依赖技术手段来促进奥林匹克运动的发展和获得更好的运动成绩，现代奥林匹克运动已经走上了无法脱离技术的道路。

1972年德国慕尼黑奥运会可以看作奥运与科技关系的转折点。作为截至当时规模最大，赛项、人员等所有数字都超越历史创造了纪录的一届奥运会，因完全被现代高新科技武装起来，被称为"Hi-tech Olympics（高技术奥运会）"。奥运会首次使用了电脑软硬件设备，连接了5台电脑、激光设备、光电测距仪、精度达1/1000秒的电子计时器，共使用电缆超过15 000 km，连接了400台电传打字机、50台打印机和100台显示器。全面启用的这些电子设备成为奥运会的关键助力，使得奥运会运动成绩的准确性达到新的高度。例如，男子400 m个人混合泳第一名瑞典的贡·拉尔松，仅比第二名美国的蒂·麦基快2/1000秒；田径男子800 m决赛中，美国达·沃特尔和苏联叶·阿尔扎诺夫同时撞线，但安装在终点的摄影机拍下的照片表明，沃特尔领先1/100秒；朝鲜李浩准在小口径步枪60发卧射中以599环打破世界纪录，起初裁判只算了596环，后来经过一种首次使用的特殊仪器检查，确定成绩是599环。此外，此届奥运会主办方将在奥林匹亚点燃的圣火转化为电子包裹，通过卫星把它变为激光再将火炬点燃，并在大西洋、太平洋上空设置了4个卫星转播站，转播时间长达400小时，仅观看开幕式实况转播的人数就达到10亿人[1]。可以说，此届奥运会真正掀起了奥运会的科技革命[2]，使得首次出现的科技奥运概念逐渐深入人们的思维，奥运与科技开始了互渗契合之路。

---

[1] 刘敬余.奥运小百科（彩色图文版）[M].延吉：延边大学出版社，2007：146.
[2] 豪格·普鲁斯.奥运经济学[M].黄文卉，译.北京：北京体育大学出版社，2008：159.

1976年加拿大蒙特利尔奥运会首次利用人造卫星实现奥运圣火传递，区别于传统奥运火炬接力的方式，该传感装置通过把离子化的圣火火焰微粒转化为脉冲信号，由卫星从希腊雅典跨洋传输到加拿大渥太华。最终由接收脉冲信号的激光装置点燃加拿大的圣火火炬，继而延续圣火火炬接力跑传递到蒙特利尔主会场[1]。此外，蒙特利尔奥运会期间，安装了各种电子记分牌，其中最大的为 20 m × 10 m（200 m²），有19 200个光电部件。[2]

1980年，在美国普莱西德湖举行的第13届冬奥会上，首次采用人工造雪技术[3]，作为冰雪盛会的冬奥会完全依赖天气、缺雪的问题得以缓解。

进入20世纪80年代后，全球科技获得了突飞猛进的发展，计算机和网络技术飞速发展、新材料技术日益成熟，科技在奥运的舞台上绽放出更多风采，带来了现代奥林匹克运动划时代的大发展。

1984年美国洛杉矶奥运会首次采用大型电子信息服务系统，首次使用计算机完成对赛事的组织编排、数据处理、资料存储、报表打印等工作，此后信息系统和通信系统的应用成为国际奥委会对奥运会举办国的规定要求，计算机信息系统成为奥运会强壮的神经中枢。此次奥运会场上，火箭飞行员直飞上天，美国航空航天局科学家参与设计的、运用人类登月时的科学研究成果——加速排汗和能反射太阳光的铝涂层双层纺织材料的美国田径队制服，都展现出世界顶尖的美国航天科技的风采。同年举行的第14届萨拉热窝冬奥会，首次采用大型特制"雪炮"人工造雪，这种大口径水泵，寒冬天气，抽上水对空喷射，落下时便会变成飘飘雪花。

1988年加拿大卡尔加里举行的第15届冬奥会上，首次使用由电子计算机控制的人工造雪机，并在所造的白雪中加入一种类似酵母的细菌，使晶莹的雪花更大、更结实，即使刮起暖风也不易融化。此届冬奥会速滑项目共打破了8项世界纪录，150人次打破和创造了10项奥运会纪录，成为冬奥会史上破纪录

---

[1] 奥运会上的"黑科技"：IEEE与你历数奥运史上的科技关键词[EB/OL].（2016-08-19）[2023-01-19].http://www.sohu.com/a/111205953_119922.
[2] 激光电子技术在体育上的应用[J].辽宁体育科技，1986（2）：19.
[3] 张家口赛区（崇礼）符合冬奥会对雪量的要求[EB/OL].（2014-08-01）[2022-09-19].http://www.chonglitong.com/article-view-67.html.

最多的一次赛会。破纪录之多的原因就是卡尔加里400 m室内速滑冰场为运动员们创造了破纪录的条件，先进的科学技术使运动员们再不用担心因风、雪、雨、气温等恶劣的自然条件影响成绩，运动员们可以在保持恒定的空气温度（零上12～15 ℃）和冰面温度（零下6～8 ℃）中滑出最好成绩[1]。

1992年西班牙巴塞罗那奥运会首次使用基于计算机技术的"全能运动操作系统"，将分散在各个赛场的电子计时器、光电测距仪和自动计分装置等组织在一起成为网络系统，满足一切项目的计时、测速和计分需要。该届奥运会还第一次使用了数字电视直播技术，标志着从此电视直播能够提供高质量高分辨率的赛事画面，而不再是使用低质量的磁带来进行记录[2]，奥运会正式迈入高清数字电视广播时代。

1994年挪威利勒哈默尔冬奥会，为避免环境污染，圣火首次采用环保材料（酒精）燃烧，美国利用电子计算机技术设计的雪橇用于比赛。

1996年美国亚特兰大奥运会上，互联网被首次引入比赛组织管理系统及转播中，由此开启了网络奥运的新时代。同时奥运会还采用标志技术公司提供的高科技计算机芯片身份证，用于1.5万人出入奥运会场地的身份鉴定。

1998年日本长野冬奥会上，Slipper冰刀和硅条应用于速度滑冰。

2000年澳大利亚悉尼奥运会，作为最"e"化的奥运会，建立了以奥运信息检索系统、奥运竞赛结果系统、奥运管理系统及悉尼奥运官方网站为核心的奥运会信息服务框架[3]，并首次启用神奇的虚拟图像技术，在电视转播画面中由计算机与比赛泳池的电子计时器连接演算绘制游泳比赛中紧跟参赛选手移动的"世界纪录线"和在泳道上以各国国旗区分代表选手，为奥运赛场加上"电脑特效"；除了信息技术在奥运会上大显身手以外，其他诸如新材料、太阳能等尖端科技也得以应用。著名的海洋生物学家克雷·邓肯携带潜水装置，首次进行水下火炬传递，完成了"水火相融"的壮举；该届奥组委首次采用尿检结

---

[1] 利沙.冬奥会史上的光辉一页：第十五届冬奥会述评［J］.冰雪运动，1988（3）：6-10.
[2] 奥运会历史：那些奥运科技的"第一次"［EB/OL］.（2016-08-11）［2022-11-01］. http://blog.sina.com.cn/s/blog_1527f5bae0102wns3.html.
[3] 杨义春.北京奥运会残奥会技术保障服务大型国际化技术项目管理的成功实践［M］.北京：同心出版社，2009：80.

合血检的方法检查兴奋剂 EPO；悉尼奥运村建立在临近海边的垃圾场上，采用太阳能技术照亮奥运赛场、水循环使用设计，使悉尼奥运村成为真正的绿色村落。澳大利亚选手伊恩·索普穿着鲨鱼皮泳衣 FASTSKIN 劈波斩浪，一举夺得 3 枚金牌，打破 3 项世界纪录，这种使用纤维来模仿鲨鱼皮肤结构的泳衣能减少水流的阻力，提高 3%～7.5% 的游进速度。夺得女子 400 m 冠军的澳大利亚短跑运动员凯西·弗里曼的带帽连体运动服"快衣"（Swift Suit），是一家世界著名体育用品制造公司花费 6 年多时间献出的呕心沥血之作，设计时研究人员充分考虑到了空气动力学原理、合身度和接缝安置等问题，它的每一处都充分体现着当时最新的科技成果："快衣"按人的体形分成 29 个部位缝制，缝口处不用线而用特别的热能接合，这使得运动员穿上它之后，感到全身舒适不紧绷；"快衣"的缝口全部集中在背后，这将有效减少空气阻力；根据空气动力学原理，"快衣"在不同部位使用不同质地的材料，如在人体最聚热的部位设置透气布块，以达到理想的体温调节效果[①]。

2002 年美国盐湖城冬奥会上，造价 3000 万美元的椭圆形速滑馆，人工冰面科学配方、室内温湿度的变化控制都是这届奥运会的科技亮点；长度更短的障碍滑雪板、速度更快的冰球鞋、能以每小时 150 km 在滑道中飞驰的钢架雪车、从容越障的复合滑雪板……高科技的运动员装备也在这届冬奥会上层出不穷[②]。该冬奥会可以在互联网上查询赛事安排、门票、住宿等各项事宜，计算机网络实行 24 小时售票服务，人们可以在网上预购各场比赛的门票。作为"9·11"恐怖袭击事件后首次举办的全球性体育盛会，为确保冬奥会绝对安全，联邦政府为总预算 2.7 亿美元的冬奥会安保费用增加拨款近 4000 万美元，使安保费总额达 3.1 亿美元，创下了历届奥运会安保开支的最高纪录。每个赛场的出入口都安装了金属探测器，装有监控探头，有的监控设备还安装了能够识别面孔的软件设备[③]，采用了 260 架放大倍数高达 176 倍的高科技摄像机，应用电子卡记录运动员、教练、记者、工作人员等相关人员的信息，门口处的读

---

① 黄超文. 漫话奥运科技［M］. 长沙：湖南科学技术出版社，2008：117-118.
② 孙文德. 冬奥会上的高科技竞争［J］. 科学与文化，2002（3）：7-8.
③ 华敬锋，魏峥. 盐湖城冬奥会见闻与启示［J］. 中国保安，2002（5）：8-10.

卡机不到 1 秒就能读取信息①。

2004 年希腊雅典奥运会上，激光投影技术得以生动展现，主办方利用衍射光学的方法来实现投影，将图像的长波部分转变成相位调制的全息图；该届奥运会首次启用多个 3G 网络，终点摄像机每秒可拍摄 1000 张照片；由于希腊半岛型地理因素和自身的安保能力等条件，希腊政府以 325 亿美元的天价购进了美国国际科学技术公司（SAIC）的 C4I 安保系统，C4I 安保系统集指挥、控制、通信、计算机等功能于一体，协调警察、消防队员和海岸警卫队的工作，雅典奥运会在 250 km² 面积内监控的 47 个场馆、设立的 63 个指令中心都靠该系统协调工作②，能在 1 秒钟内向奥运会 116 个紧急行动中心提供赛场内外的信息；保安人员用 PDA 配合欧洲系统的 European Space Agency（Esa）卫星定位系统，将每个位置和保安都定位得非常精确，以便及时赶到出事点，这套系统同时接收美国 GPS 和俄罗斯 Glonass Systems 信号，定位系统的精确度达到 5 m，并显示在双方屏幕的地图上③；一共 47 名运动员穿上鲨鱼皮泳衣二代（FASTSKIN 2），收割了一大波奖牌，打破了很多项世界纪录；该届奥运会在兴奋剂检测方面也采用了新型合成类固醇检测法、生长激素检测法等新技术。

2006 年意大利都灵冬奥会，首次全面采用高清晰数字技术采集和传输电视信号，奥运会所有电视信号都汇集到位于主新闻中心的国际广播中心，随后通过光缆和卫星向世界各地输送，主新闻中心更是高科技荟萃生辉，有长达 400 km 的光缆网络、9000 台高清晰数字电视机、6000 部步话机、500 多台服务器、4500 台电脑终端和 600 部便携电脑④；耐克公司推出新式滑冰赛服"快速皮肤（Swift Skin）"改进版，根据空气动力学原理，在不同部位使用了不同材质的面料，最大限度地降低空气阻力，经测试表明，在 1500 m 比赛中同样一位选手身着"快速皮肤"要比穿其他比赛服快 0.2 秒左右；都灵冬奥会英国代表团

---

① 周有恒. "赛"外风云：冬奥会高科技集锦[J]. 少年科学，2002（2）：60-63.
② 奥运安保工作中视频监控技术的应用[EB/OL].（2014-06-23）[2022-01-19］. http://www.21csp.com.cn/zhanti/qg/article.asp？id=12327.
③ 28 年八届奥运会，科技与体育如何交集[EB/OL].（2012-07-27）[2022-01-19］. https://www.huxiu.com/article/2128.html.
④ 体育竞技科技当先　奥运拥抱"赛先生"[EB/OL].（2019-07-08）[2023-01-23］. http://2008.sohu.com/20060223/n241989812.shtml.

率先配备当时世界上体积最小、功能齐全的医疗检测仪器——便携式超声频检测仪 LOGIQBOOLXP，能随时随地提供运动员的详细生理数据，为科学训练、掌握运动员伤情提供第一手科学数据。

（三）应用于奥运中的技术本身的实际发展程度：快速发展期

在这一时期中，应用于奥运中的技术本身进入了快速发展期。与上个时期科技运用集中表现在奥运的场地设施与仪式、辅助裁判和传播传媒3个方面不同，这个时期伴随着计算机技术的成熟和普及，借助于计算机技术开发运动员的训练、比赛指挥系统成为技术在奥运的一项新应用。基于信息管理系统构建起来的奥运会发展模式，在功能上不仅满足了人们对奥运会组织各个环节进行统一管理的需求，而且在思想上促使人们逐渐形成了信息化奥运会发展模式的概念。依据技术运行的基本规则，将奥运会构建成为一个近乎纯粹的技术系统，成为这个时期的特征。[①]

四、互动融合期：2008年（第29届夏季奥运会）至今

现代奥林匹克运动经过百年的发展历程，已逐渐走向成熟。这一时期，科技融贯奥运会的全过程、网罗奥运会的全部事项，技术逐渐发展成为主导奥林匹克运动发展的力量，成为奥林匹克运动的有机组成部分，技术规则也成为奥林匹克运动建构的基本规则；奥运对技术提出全面需求，需求范围种类繁多；科技奥运上升为奥运理念，并成为奥运会的重要战略。

（一）现代奥运会：成熟发展时期

经过前面一个时期的改革创新，现代奥运会逐渐走向成熟，正成为显示各国实力、扩大影响、振奋民族精神的重要场所。但是经过百年发展历程的现代奥林匹克运动依然面临着一些难以解决的问题，对奥运会的未来发展构成挑战。例如，奥运会商业运作的挑战，运动员职业化的挑战，民族主义情绪高涨

---

① 王玲．论科技与奥运的契合［M］．沈阳：辽宁人民出版社，2010：40．

和恐怖主义对奥运安全的挑战，来自文化的挑战和道德的挑战，奥运会的超大规模带来的组织管理难度及对举办国家和城市带来的沉重负担。

2014年12月8日，在摩纳哥蒙特卡洛举行的国际奥委会第127次全会上发布的《奥林匹克2020议程》（Olympic Agenda 2020）中，对奥林匹克运动的未来发展路线进行了全景设计，其核心内容是确保奥运会的可持续性，确立运动员的中心地位，推动奥林匹克主义的传播与教育，实现国际奥委会的组织自治与善治。

为了更好地应对后疫情时代体育世界面临的风险与挑战，2021年3月12日，国际奥委会第137次全会一致通过了奥林匹克运动新战略路线图——《奥林匹克2020+5议程》，准确研判后疫情时代体育世界的变革趋势，围绕趋势展开顶层设计，坚持理念先行和政策引导，具体包括：坚守团结理念，融入数字化世界，实现可持续发展，提升公信力，增强经济与金融韧性。

（二）技术对奥运产生的作用：主导时期

这一时期，技术逐渐发展成为主导奥林匹克运动发展的力量，成为奥林匹克运动的有机组成部分，技术规则也成为奥林匹克运动建构的基本规则。[①] 在前几个时期奥运与科技的互动中，科技只是作为手段在奥运会上被动应用，忽视了基于奥运需求而展开的自主科技创新；这一时期的奥运与科技互动是积极主动的创新性的活动，是有力推动自主科技创新、科技产业化和国际化发展的科技战略，意义重大。[②]

尽管自20世纪80年代以来，近代奥运会举办国都试图在筹备和承办奥运会期间充分动用科技力量，并建立相应的管理机制组织协调各项工作。但第一次提出科技奥运的理念还是在2008年北京奥运会。2000年北京申办奥运会时，提出"科技助奥运，奥运促发展"的目标，2008年北京奥运会提出了三大理念：科技奥运、人文奥运、绿色奥运，真正意义上将科技奥运理念践行。奥运与科

---

① 蔡宏秋.论"科技奥运"的实质：现代奥林匹克运动技术化[J].体育文化导刊，2004（10）：28-30.
② 荆雷，朱东华，郭颖.奥运与科技的互动关系及产业融合[J].商业时代，2007（20）：94-95.

技逐渐成为一种普遍意义的存在。①

科技奥运包括两个层面的含义：一是狭义的科技奥运，即如同多数学者认为的那样，科技奥运仅仅是科技嵌入奥运当中，是科技应用于奥运的直接反映；二是广义的科技奥运，即将科技奥运视为一项特殊的科技与社会发展战略，认为科技奥运是基于科技产业需求的科技创新活动，是科技产业发展链条中的关键环节，是某一时期内特殊的科技开发模式。

（三）应用于奥运中的技术本身的实际发展程度：全面应用时期

这一时期，科技像一张细网，融贯奥运会的全过程、网罗奥运会的全部事项，高科技成果不仅全方位地用于奥运赛事直接相关的运动服装、运动器材、运动设备、运动营养、运动训练、运动场馆、裁判计时、赛事信息服务与传播、赛事组织管理、奥运火炬传递和开闭幕仪式，使得运动技术水平和比赛成绩不断提高、奥运仪式和比赛更加精彩、奥运竞技观赏体验感不断增强、赛事成绩裁定更加客观准确，还由奥运活动推广应用于主办城市和广大群众，包括城市的环境改善、城市交通优化等方面，以奥运为契机改善城市自然和社会环境。

2008年北京奥运会采用了RFID（无线射频识别）、IPv6（互联网协议第6版）等大量先进技术：北京奥运会首次采用RFID技术的电子门票，将RFID芯片嵌入纸质门票等介质中，该芯片记录着全球唯一标识号，且与后台数据库中的数据相关联，因此，每张门票都具有使用的唯一性。它集售票、检票验票和安防功能于一体，不但能快捷检票验票，还能对持票人进行实时精准的定位跟踪和查询管理，既达到防伪的目的，又有效提高了检票验票速度。电子门票能够配合监控系统、紧急广播系统、巡逻管理系统等，最大限度地发挥引导、查询、危险控制作用；对所有的奥运食品加贴RFID标签，以RFID标签为基本流动数据载体和基本信息单元建立RFID追溯管理系统，对奥运食品生产、流通的各个环节进行追溯；北京奥运会男子个人佩剑比赛采用RFID技术，当

---

① 李亚琦.科技革命与奥林匹克运动的影响关系研究［J］.福建体育科技，2019，38（6）：20-23.

剑部触到对方身体时即会亮灯,以此来帮助裁判做出正确判罚[1]。IP 第 6 版本 IPv6 在奥林匹克公园多个运营系统中得以大规模部署,奥运会 58 个场馆全面部署了基于 IPv6 的大规模远程视频管理系统,奥组委通过利用 IPv6 传感器、视频摄像等系统全方位监测奥运设施情况;承担北京交通主力的出租汽车也安装了 IPv6 传感器,这些传感器通过利用无线应用程序将出租汽车位置和道路交通状况数据传输到中央控制中心,中央控制中心则会依据接收到的数据判断交通拥堵情况,采取更改行车路线等方法解决交通问题[2]。

2010 年加拿大温哥华冬奥会温哥华奥林匹克中心、里奇蒙德奥林匹克椭圆速滑馆 2 个新建场馆首次实现冬奥室内场馆降温制冰与升温供热的热能循环利用,温哥华冬奥会竞赛场馆最大限度地对雨水进行回收利用,如温哥华奥林匹克中心收集雨水用于冲厕,减少该场馆饮用水的消耗[3];英国短道速滑队冰鞋设计方面,运用了通常用来设计喷气式飞机和潜艇的尖端电脑软件,以寻找冰鞋铝质托架的最佳弯曲度;运用空气动力学改造女子钢架雪车项目头盔;美国打造出第一辆有舵雪橇"雪上 F1"战车;速滑项目的竞赛服在大腿处使用了比普通纤维弹性强数十倍的橡胶材料,最大限度地减少体力消耗,右胯部以内附着"3M"(Minnesota Mining and Manufacturing,明尼苏达矿务及制造业公司)合成纤维,以有效减小摩擦力;冰壶项目中应用了名为"Eye on the Hog"的辅助器械,可有效避免因肉眼观测偏差所致的误判,准确判定掷球是否有效,并通过绿灯和红灯予以提示;速滑比赛场地的冰面下方配置了接收天线,可与附着于运动员脚踝上的转频探测器连接,并通过计算机测算出运动员完成比赛所用的时长,快速显示在记分牌上,其精度可达 1/1000 秒[4];此外,谷歌公司专为温哥华冬奥会开辟了支持 40 种语言,可提供比赛场地的街景视图、运动员信息和相关新闻的网站。

2012 年英国伦敦奥运会首次对比赛进行 3D 直播,英国天空 3D 频道和欧洲体育台提供每天 8 小时的 3D 赛事直播和 4 小时精华内容,电视用户只需拥

---

① 李利文.2008 北京奥运会 RFID 技术大显身手[J].印刷技术,2008(20):21.
② 2008 年奥运会中的 IPv6 技术[J].数字社区 & 智能家居,2008(8):34-38.
③ 程晓多.温哥华冬奥会场馆建设特点研究[J].低温建筑技术,2010,32(5):14-15.
④ 张巍巍.2010 年加拿大温哥华冬奥会科技闪耀赛场[J].社会关注,2013(5):4-6.

有 3D 电视机和 3D 眼镜就可观看到相关节目；首次在每场比赛中都采用了解说员信息系统（CIS），通过系统解说员可以在现场观众欢呼声响起来之前就获得比赛结果、在 0.3 秒内就查找到运动员以前的比赛成绩、背景资料等；伦敦奥运会场馆首次采用智能化无影照明系统，利用电脑对场馆的灯光进行科学计算，然后合理布置光源的位置和类型；奥运会场馆还采用了特殊的设计和材料，在奥运会结束后大部分场馆可以拆卸后重新利用，场馆的外部设计师还使用了一种特殊材料，即一种多孔、半透明的隔热保温材料，可以改善整个场馆的透气性；英国工程师为参加伦敦奥运会的田径运动员设计了合脚的个性化跑鞋，利用传感器将运动员的脚部形态传输到电脑上，把运动员的脚部数据精确计算到微米，再使用快速制造方法——选择性激光烧结法把塑胶微粒烧结，来改变鞋底的软硬度以适合不同运动员的特殊需要，制造个性化跑鞋，以加强运动员的爆发力、提高田径成绩；英国一家公司为参加伦敦奥运会的运动员提供个性化鞋垫，由于人体并非绝对对称，对于专业运动员来说，两条腿"长短不一"可能更容易受伤，平时训练使用这种可调节身体平衡的鞋垫，有助于运动员更好地进行训练；该届奥运会上鲨鱼皮泳衣升级到"FASTSKIN 3"，泳衣的主体部分采用了身体稳定网络，可改善运动员的姿势，并缩短启游和转身等动作的时间，泳帽以精确的 3D 立体头形绘图数据设计，让运动员于水中前进得更顺畅，泳镜采用智能调节密封圈和泳镜带，同时具有深水望远镜镜面，能提供两侧 180°的宽阔视野，大大避免了游泳时泳镜移位的风险；奥运会游泳池采用了一项名为"波浪停止"的技术，能够确保选手不管位于泳池两边还是中间泳道，所感受到的波浪冲击影响基本相同，从而有效减少波浪对游泳运动员的影响；奥运会采用新的泳池起跳台，其倾斜式踏脚板可以调整，允许选手以后腿与膝盖呈 90°的蹲伏姿势起跳，让选手获得的起跳力量实现最大化；足球比赛采用融合了高科技成果的足球"阿尔伯特"，该球通过一连串的三角面板热加工融合而成，以保证它的质感和精确的飞行路线，每块面板之间的缝合都紧凑至极，以提高皮球的触感及控制感，表层皮质采用独特的纹理设计，以保证球体拥有高度精密且极细致的表面结构，从而确保球鞋能同球面产生最佳磨合，在皮球表层的下方是一层动物骨骼的编织层，用于提高空气阻力的还原度，并且能够起到减少皮球吸水的功能；此外，伦敦奥运会还大量运用了绿色环保技术，如采用小型风力发电机供电的路灯、运用地板踩踏发电技术的"能量瓷砖"、氢能汽车、100%再生涤纶和100%可回收材料制造的制服和水壶[①]等。

2014年索契冬奥会号称"史上最昂贵的奥运会"，其510亿美元的投资冠绝历史，除了比赛场地及基础建设之外，高科技的运用同样也是索契最为看重的一个环节。大到滑雪场里的人工降雪，小到竞速比赛的计时器，高科技的身影在索契随处可见[②]：该届奥运会展现了强大的无线网络传输能力，上一届温哥华冬奥会上，有线上网工具与无线的比例为4∶1，而到了这一届比例则被翻转了过来，整个赛事期间奥运村中始终保持着每秒54 Tb的超大带宽传输能力，与2010年加拿大温哥华冬奥会时的每秒4 Tb相比实在是有了质的飞跃[③]；首次采用无人机技术进行赛事转播，利用无人机可升到普通摇臂摄像机无法达到的高度进行拍摄的优势，帮助提高转播质量[④]；引入了一批高科技造雪机，内部存在自动调节系统，可以根据天气状况自动调节造雪的过程，就算是在20 ℃的气温之下，这些造雪机依然可以制造出适合比赛的雪，并设计出利用反光隔热技术储备积雪的办法；加拿大短道运动员查尔斯·哈梅林身着空气动力学连体氨纶紧身衣，在男子1500 m赛事中夺得冠军；美国航天巨头洛克希德·马丁公司利用动作捕捉和航空航天工程学技术设计制作滑冰服，在大腿部位使用不同的材料来减小阻力，改变拉链位置增加细小的凸起使之更符合空气动力学原理；美国和俄罗斯滑雪运动员比赛服和领奖服都采取了名为"轻轨"的新型拉链设计，让外套的防水性大大加强；美国高山滑雪运动员使用新型纳米管滑雪板，依靠碳纳米管把滑雪板各层固定在一起，以在颠簸的雪面之上有效减震；在越野滑雪、速度滑冰的赛场上，每一位参赛者双腿上都绑定一对重量极轻且性能可靠的异频雷达收发机，以在比赛过程中精准测定、记录并公布

---

① 钟天朗，徐琳.体育经济学教学案例［M］.上海：复旦大学出版社，2014：140-142.
② 索契冬奥会，一场高科技的盛宴［EB/OL］.（2014-02-13）［2022-12-12］.http：//sports.163.com/14/0213/08/9KUTD1SJ00051C8U.html.
③ 2014索契冬奥会背后的那些高科技［EB/OL］.（2014-02-20）［2022-12-12］.http：//storage.it168.com/a2014/0220/1594/000001594571.shtml.
④ 无人机索契大显身手：助实况转播冬奥会［EB/OL］.（2014-02-12）［2022-12-12］.http：//www.81.cn/gjzx/2014-02/12/content_5767319.htm.

参赛选手和团队的中段成绩与最终排名，准确性能细微到 1/1000 秒，一旦出现选手跨越终点线时，冰鞋高于光电子眼红外线光束的情况，裁判将依据异频雷达收发机的记录，确定完赛时间与最终排名[①]。

2016 年巴西里约热内卢奥运会上，VR 技术首次用于奥运会转播[②]，全面启用了 4K 分辨率的摄像转播显示技术，手机 APP 被广泛用于赛事服务等领域，智能机器人拍摄技术参与到视频转播过程中，针对寨卡病毒的抗微生物队服得以应用；OMEGA 为里约热内卢奥运会赞助的田径终点摄像机，每秒可以拍摄 1 万张图片[③]；跆拳道比赛采用"第三代电子护具"，能感应选手的有效打击并自动计分；射箭项目第一次用"电子靶"代替裁判肉眼——箭靶上有两个扫描装置，能分辨出人眼察觉不到的细微差距，精度在 0.2 mm 以内，判决结果能在 1 秒内显示；独木舟皮划艇项目以大数据技术帮助运动训练，训练期间皮划艇上安装了传感器，运动员身上则安装了心脏监测仪，监测运动员和独木舟两方表现；在拳击项目中，一套名为 Hykso 的可穿戴设备传感器被用于美国、加拿大拳击运动员的拳击训练手套上，该手套包括两个三轴加速传感器、一个三轴陀螺仪，该系统能测量拳击速度、数目及打击强度，传感器数据可用于 3D 运动数据模型分析中，有效提高击打水平[④]。

2018 年韩国平昌冬奥会上，5G 通信网络、虚拟现实、高清电视直播、机器人、自动驾驶等前沿技术集体亮相：冬奥会上开通了全球首家 5G 网络，网络传输的速度比 4G 快 20 倍；通过 5G 技术传输，第一次在开闭幕式和部分赛事大规模使用了 UHD 超高清电视直播赛事[⑤]，UHD 的分辨率可以达到 3840 p×2160 p，清晰度是普通全高清 1080P 的 4 倍，为转播画面的提升带来了质的飞跃；该届冬奥会也是首次使用 VR 技术进行实时转播的冬奥会，呈现

---

① 索契冬奥会上的高科技[EB/OL].（2014-03-20）[2022-12-12].http://scitech.people.com.cn/n/2014/0320/c1007—24685060.html.
② 陈丽媛.奥运会：全球最大的技术孵化器[J].消费电子，2016（9）：46-50.
③ 钟秉枢：历史上科技与体育共生发展[EB/OL].（2017-12-04）[2022-12-22].http://www.360doc.com/content/17/1204/20/31721317_709917718.shtml.
④ 2016 里约奥运会传感器技术应用大盘点[J].物联网技术，2016，6（8）：7，9.
⑤ 平昌冬奥会有哪些新科技[EB/OL].（2018-03-02）[2022-12-23].https://new.qq.com/omn/20180302/20180302B0AMSC.html.

涵盖开闭幕式和滑雪、滑冰、冰球等多项赛事、超过 50 小时的 VR 内容；VR 技术的应用不仅限于转播上，美国滑雪滑板协会利用 VR 技术，通过在虚拟环境中体验真实比赛场地的训练课程，让参加高山滑雪的美国选手提前适应平昌冬奥会的比赛赛道；人形机器人火炬手 DRC-HUBO 第一次出现在奥运火炬传递过程中[①]，它有 41 个关节，每分钟能走 65 步；还有 85 台不同种类的机器人作为志愿者为人们提供服务[②]，精通韩语、英语、汉语和日语四国语言的指南机器人为游客提供赛程、周边旅游景点、交通信息等服务，含有 4 种油墨 1000 万种颜色的壁画机器人在奥运会赛场现场描绘壁画，还有充电一次可以在水深 5 m 处游泳 30 小时的水中机器人、利用无人驾驶技术的清洁机器人及主动提供饮料服务的机器人。

2020 年日本东京奥运会上，运用 5G 技术传输动态高清实时图像，助力智慧观赛；应用氢能源技术，构筑氢能社会"样板间"；运用多种技术打造超临场体验；采用"云+8K"媒体转播技术讲述奥林匹克故事；人工智能技术覆盖奥运会诸多场景。

综合归纳本章关于奥运与科技互动发展的分期论述，可以清晰地看到各时期奥运本身的发展、技术对奥运产生的作用、应用于奥运中的技术本身的实际发展程度等情况。

---

① 周路菡.平昌冬奥会科技应用盘点[J].新经济导刊，2018（4）：32-36.
② 高科技让平昌冬奥更精彩[EB/OL].（2018-02-14）[2022-12-23］.http：//mini.eastday.com/mobile/180214111229023.html.

第四篇

实践经验

第七章
北京冬奥场景与科技互动实践

奥运与科技的融合，已成为现代奥运会的时代特征。现代奥林匹克运动发展的百年历史表明，奥林匹克运动和科学技术革命的发展有着千丝万缕的联系，第1、第2次科学技术革命给予现代奥林匹克运动诞生、成长的土壤，第3次科学技术革命真正实现了现代奥林匹克运动质的飞跃，真正体现了奥林匹克运动"更快、更高、更强"的奋斗目标[①]。科技奥运就是通过社会化和全球化运作，吸收和利用世界范围内的科技成就，全方位、全过程、最大限度地提高奥运会场景活动的科技含量，以科学态度组织奥运、以先进技术支撑奥运、以创新精神传承奥运[②]。奥运与科技互动发展由两个方面组成：一方面是用科技使奥运会更成功，水平更高；另一方面是用奥运带动科技创新应用和迭代升级。现代奥运会中科技与奥运两者之间的互动发展实践，主要表现在奥运技术和奥运场景的互动，可以说，技术与场景双轮驱动成就了"简约、安全、精彩"的北京国际冬奥盛会。

一、奥运技术和应用场景关系

技术和场景双轮驱动是冬奥和科技互动的典范。技术进步迭代和奥运场景需求升级是奥运与科技互动的"一体两翼"。奥运举办需要科学技术提供全方

---

① 方媛. 论科学技术革命与现代奥林匹克运动的发展 [J]. 中国体育科技, 2003（1）: 16-18.
② 黄鲁成, 娄岩, 吴菲菲. "科技奥运"理念及其实施 [J]. 中国科技论坛, 2007（5）: 90-93.

位的保障①，奥运为科技应用提供了最佳的应用场景和展示平台，促进现代科技的持续发展。场景需求升级促进技术进步和迭代，而技术创新和迭代又催生了新的细分场景。通过场景需求升级和技术迭代进步实现不同场景之间转换，许多场下应用场景通过技术改造或复制照搬应用至奥运场景，或奥运场景通过技术改造或场景复制应用到其他场景，这个"移花接木"的场景转换过程，也是奥运后成果推广的过程（图4-1）。

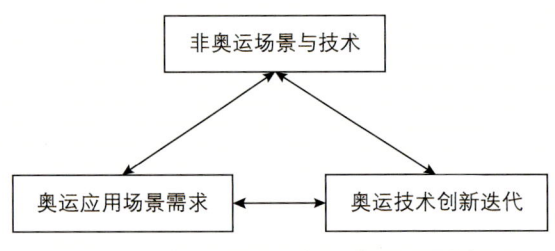

图4-1 奥运技术和奥运应用场景关系

从经济学供需关系看，奥运场景需求为市场需求，奥运技术为产品供给，通过技术供给满足场景核心需求。奥运技术和应用场景向外推广的过程，就是通过挖掘关键核心技术应用奥运场景的底层逻辑及其共性需求分析，进行解构，分析其规律特征，找出其场景"通用性"需求和技术共性模块，在此基础上分析场外"个性模块"需求，通过共性模块和个性模块的技术系统集成，从而真正实现技术和场景"转移"应用。

值得一提的是，针对具体场景应用而言，技术先进性不是最高原则，深度适应满足需求才是。奥运技术对奥运场景需求的满足程度，是衡量奥运技术质量与功能的关键，要求技术提供某些特性功能达到奥运目标，形成场景需求和技术供给互动演进的持续创新力，技术对接和引领场景需求，场景需求拉动技术进步，可以说以应用场景需求为导向的技术研发，是促进创新突破及创新成果加速落地转化的根本保障。

---

① 刘洪波.奥林匹克运动与现代科学技术［J］.枣庄师专学报，2001（2）：60-63.

二、技术与场景双轮驱动成就北京冬奥盛会

（一）奥运技术与应用场景总体情况

科技奥运技术按照先进性，可以将奥运技术分为国际先进、国内先进、行业先进等。奥运应用场景按照功能划分，可分为办赛场景、观赛场景、参赛场景、公共安全场景、绿色低碳场景等。2022年北京冬奥会与冬残奥会已完美落幕，科技元素已成一大亮点。从开幕式到场馆建设，从赛事组织到运动员保障，212项高科技在冬奥60余个细分场景中应用，一批批科技成果实现从无到突破，支撑北京冬奥会实现碳排放全部中和，保障冬奥会如期、安全、顺利举办，向世界呈现了一届"简约、安全、精彩"的国际冬奥盛会，兑现了向世界的承诺，也让科技冬奥成为闪耀世界的中国力量。

（二）技术有力支撑北京冬奥场景需求

围绕冬奥会筹办的重点需求，设立了北京市科技冬奥专项，围绕"办赛、参赛、观赛、疫情防控、综合示范"等方面，着力攻克了一批关键核心技术，示范了一批前沿引领技术，转化了一批绿色低碳技术，研发成果均在赛时场景中获得应用。在场馆的绿色智能化建造、冰雪运动装备、科学化训练、云转播等新技术领域和5G、氢能出行、智能车联网、100%清洁电力等高新技术领域形成了丰富的科技冬奥遗产，支撑了一届"简约、安全、精彩"的国际冬奥盛会的圆满落幕。

1. 办赛场景：科技助推高水平办赛

科技冬奥办赛板块，围绕场馆建设、气象保障、赛事保障、交通保障、低碳保障等方面，部署研发的冬奥气象"百米级、分钟级"预报体系、竞技型人工剖面赛道数字化设计施工、单层索网＋环桁架＋幕墙拉索异面网壳高性能结构体系、支付宝"冰雪行"小程序、冰壶场地水冰转换技术等57项技术成果在场馆建设、气象保障、赛事保障、交通保障、低碳保障等场景实际应用。赛时对信息系统和成绩服务提供24小时技术保障，确保信息系统绝对安全。高安全性云视频会议系统实现高安全性云会议功能及人工同传功能，

赛时服务北京冬奥会代表团团长例会和每日指挥调度会。习近平总书记在北京冬奥运行指挥部调度中心考察时，通过该系统同 16 个场馆视频连线。分布式光纤温度传感（DTS）系统通过在冰壶比赛场地冰面下铺设 300 m 测温光缆，实时监测冰体温度，精度达到 ±0.2 ℃，为场馆环境监控提供了数据支撑。

办赛场景亮点技术[①]

- **冬奥山地气象加密观测试验网技术**。冬奥会气象条件预测保障关键技术中冬奥山地气象加密观测试验网技术首次实现在我国中纬度山区复杂地形下系统性构建冬奥山地气象立体加密观测试验网。在 3 个赛区及周边持续开展"三维、秒级、多要素"立体靶向中、小、微尺度协同气象加密观测系统，有效弥补了核心赛区观测空白，实现赛道"秒级、立体风"长序列监测，为赛事窗口期选择现场服务保障提供了高精度天气"背景场"数据。

- **一张票技术**。一张票关键技术中 12306 手机客户端接入地铁乘车码功能，依托铁路 e 卡通建立统一账户，以动态联程出行路径规划技术、电子客票互认和鉴权等关键技术为支撑，攻克了城际交通与城市交通电子客票信息交换的难题，首次实现了城际铁路与城市内公共交通的跨平台出行码获取功能，达到了统一客户端内城际城市交通一体化便捷出行的效果。

- **人工剖面赛道建造运维云平台成果技术**。以 BIM 模型为载体，应用行业首创的 BIM＋GIS＋BIMVR 多引擎技术，将 BIM 模型及数据与工程项目业务管理流程、智慧工地硬件有效结合，支持 PC 网页、移动端、LED 大屏等多平台使用，形成了 BIM 模型/GIS 模型浏览查看与管理、设计管理、进度管理、质量管理、安全管理、工地视联、智能检测车等集成化管理环境，实现建设各方自下而上的信息化集成和智能分析。冬奥会期间，该成果用于国家跳台滑雪中心建设管理与运营维护、首钢滑雪大跳台中心建设管理与运营维护。

---

① 根据"科技冬奥"重点专项优秀成果选编。

2. 参赛场景：科技为运动员参赛提供可靠保障

科技冬奥参赛板块，围绕运动员技能优化、高性能比赛装备、运动保障等方面共部署，研发取得了风洞辅助训练系统、高性能服装、气动减阻头盔和国产雪车等技术成果。冬奥会和冬残奥会期间，18项技术成果在运动员技能优化、高性能比赛装备和运动保障等场景得以实际应用，有力支撑了冬奥会和冬残奥会运动员科学化训练和高水平参赛，助力多个项目成绩实现历史性突破。同时，参赛场景中全自动干血点检测技术、冬季项目碳纤维复合材料高性能器材关键技术表现抢眼。

> **参赛场景亮点技术**[①]
>
> - **全自动干血点检测技术**。兴奋剂检测关键技术研发平台自主研发的全自动干血点检测技术全球首次实现干血点样本全自动在线固相萃取—液相色谱—串联质谱联用，冬奥会期间首次使用人工干血点检测技术，得到冬奥组委的高度认可，已属检测领域的应用型突破性。动力学监测设备智能鞋垫首次实现高冲击性、大跨度量程和高精度要求的可穿戴柔性力敏传感器。
>
> - **冬季项目碳纤维复合材料高性能器材关键技术**。该项目共取得5项主要技术成果，其中2项在2022年北京冬奥会和冬残奥会中实际应用。有舵雪橇（雪车）应用冰雪运动碳纤维器材外形与结构一体化设计、国产T800级碳纤维专用复合材料、复杂翼身融合结构高质量整体成型等关键技术，解决了雪车低风阻、高可靠等问题，实现了国产雪车从无到有的突破，在冬奥会前实现了国家队赛道训练应用示范。轻质高强轮椅冰壶推杆突破了轮椅冰壶推杆外形结构设计、专用复合材料体系及器材应用的迭代提升等多项关键技术；设计了连体的碳纤维复合材料推杆，优化了螺纹连接方式，通过铺层设计增强了杆体的扭力和抗压力，实现了整体杆重不超过130 g，并采用研制的国产T800级碳纤维/环氧树脂专用复合材料体系制造了冰壶推杆，在冬奥会中应用并助力冬残奥冰壶国家队获得残奥会金牌。杜仲胶四肢护具应用了形状记忆杜仲胶复合材料设计与制备、四肢护具设

[①] 根据"科技冬奥"重点专项优秀成果选编。

计与制备等关键技术，充分利用了杜仲胶的橡塑二重性，以杜仲胶为主体，杜仲胶板作为保护层，通过杜仲胶与各种助剂混炼、硫化等工艺，实现了胶板在60℃左右软化，实现了对于不同体态运动员的完美贴合保护。该研究成果应用于冬残奥会高山滑雪队，主要解决了运动员的四肢安全保护问题及不同体态运动员护具不适配等问题。3D打印轻量化点阵结构雪车头盔应用了三维扫描建模、轻量化点阵结构设计与优化、高性能国产T800级碳纤维复合材料、3D打印个性化定制等技术，解决了雪车头盔贴合性不好、超重与舒适性欠佳等问题，实现了雪车头盔与运动员脸型完美吻合，减重20%以上，抗冲击性能比传统EPP、EPS优化25.1%，运动员佩戴舒适性显著提升。冬奥会期间，该成果用于国家队运动员备战训练，解决了国家队无专用雪车头盔的难题。高性能碳纤维复合材料速滑冰鞋成果应用三维扫描、3D打印等技术，采用高性能碳纤维复合材料完成速滑冰鞋研发制造，解决了国产冰鞋舒适性差、性能低等问题，实现了冰鞋的轻量化制造，提升了冰鞋的性能，对于国产冰鞋产业发展起到重要的推动作用。

3. 观赛场景：科技为观众提供身临其境的体验

科技冬奥观赛板块，围绕智慧观赛、超高清8K、手持火炬及机器人传递等方面部署，研发取得的复杂极端条件下的可靠5G通信与先进网络、冬奥超高清8K数字转播技术与系统、冬奥会开闭幕式大型表演智能化创编排演一体化服务平台、氢能火炬等54项技术成果，冬奥会和冬残奥会期间在京张高铁、超高清8K视频转播、火炬传递等场景得以实际应用。多机器人跨域火炬传递技术研究与系统示范应用，实现了机器人水下火炬传递，奥运史上首次实现机器人与机器人之间水下火炬传递，创造了历史性的时刻。

观赛场景亮点技术[①]

- **自主8K视频编码标准AVS3全球实现首个应用技术。**我国自主技术研发的8K视频编码标准AVS3，在发布团体标准后，相关国标和行标立项也已

---

① 根据"科技冬奥"重点专项优秀成果选编。

完成，AVS3 成为全球首个已推出的面向 8K 及 5G 产业应用的视频编码标准，也是世界高清视频技术领域的"中国标准"。AVS3 8K 广播级超高清编码器和解码器的综合性能达到业界领先水平。经过实际直播环境测试，编码质量和稳定性能够满足 8K 50FPS 超高清画质直播的需求。在 AVS3 标准制定和产业应用过程中，总台和多家企业紧密配合，从软件平台、硬件产品到系统级部署全面推进，形成了 AVS3 的端到端产品和解决方案，并在 2021 年 2 月 1 日实现基于 AVS3 编码的总台 8K 超高清电视试验频道的开播。

- **多语种虚拟人交互设备（冬奥交互大屏）技术**。冬奥交互大屏应用科大讯飞领先的语音合成、语音识别、机器翻译、自动问答核心技术，开发并集成智能问答系统，提供快速、便捷、自然的多语种信息交互，提供冬奥赛事、周边交通、文化、旅游咨询等信息查询能力，项目成果以语音、触屏等多模态方式进行人机交互，并在冬奥村里的"北京小屋"进行示范应用。通过虚拟人与观众、运动员"面对面"的实时互动交流，让用户可以查询、了解冬奥知识。

- **六足冰壶机器人技术**。研制的六足冰壶机器人应用机器人的系统设计与制造、感知决策、规划控制和人机交互等技术，解决了机器人构型、冰壶精准测量、精准投壶控制等难点问题。六足冰壶机器人具备人类投掷冰壶的行为功能，6 条腿分为前、中、后 3 组，前部两腿为双手控制冰壶的方向和旋转速度，中部两腿支撑身体，后部两腿蹬起踏器。这是世界上首款模仿人蹬踏、支撑滑行、旋转冰壶行为方式的六足冰壶机器人。建立了冰壶机器人行走构态和冰壶投掷构态的转换方法，研发了基于视觉和激光的目标冰壶感知和瞄准方法，建立了机器人精准运动控制方法，实现了机器人精准投掷冰壶和击打冰壶。冬奥会期间，该成果用于国家游泳中心（冰立方）冰壶男子比赛开始前，顺利进行了击打冰壶演示，6 次击打冰壶全部成功。本次击打冰壶演示，借助冬奥会舞台向世界展示了我国在足式机器人方面的领先技术水平。冬奥会之后，该成果可用于冰壶运动员训练，可以为运动员投掷冰壶提供辅助决策，也可给运动员当陪练员，同时也可举办冰壶机器人比赛，吸引青少年对冰壶运动和机器人的兴趣，带动机器人产业发展。

● **轻质高强耐高温碳纤维复合材料技术**。该成果是世界首次采用高压储氢方式、首套采用碳纤维外壳的奥运会火炬,突破了多特征复杂耦合条件下的手持火炬燃烧系统总体参数设计方法和具有可控造型的高稳定性火炬燃烧技术及环保焰色可视技术;手持火炬轻量化单弹簧活塞式减压阀、平衡式切换阀、软硬复合密封单向瓶口阀技术;高安全性、轻质化手持火炬气瓶复合材料增强设计与制造工艺技术;先驱体浸渍裂解工艺、缠绕、树脂传递模塑、三维编织等复杂外形曲面复合材料成型技术;模拟温湿度、风量、雨雪、高海拔(气压)、火炬传递运动状态的测试试验技术及火炬性能试验方法等多项关键技术。该火炬总重≤1.5 kg,有效燃烧工作时间＞5分钟,经测试,可满足在风速18 km/小时、65 km/小时、100 km/小时(多角度)、雨、雪量50 mm/小时,湿度99%等环境工况,跑步、轮转、晃动、倒置、跌落(1.6 m、3 m)等运动工况,室温、低温-20℃、-40℃工况,低气压54 kPa(5000 m海拔)、76.2 kPa工况等复杂恶劣条件下稳定燃烧。该火炬实现了批量生产及应用,填补了高压储氢手持火炬的国内外技术空白,具有自主知识产权,全部技术自主可控,整体技术达到国际领先水平。该成果全面应用于2022年北京冬奥会及冬残奥会火炬接力活动中。项目组依据"军令状"各阶段目标,提交技术图纸,为工业化生产提供了高质量的技术指导,确保了产品质量,为火炬接力活动提供了重要的技术支撑,实现了手持火炬燃烧稳定、可靠、零熄灭的目标。该成果为火炬接力活动安全、顺利、高水平的运行打下了良好的基础,确保了2022年北京冬奥会和冬残奥会火炬接力圆满完成。在"双碳"背景下,氢燃料手持火炬借助冬奥会火炬接力这一广泛关注的活动,将清洁能源利用理念广泛传播,为能源产业发展、国家能源战略的落实贡献力量。

4.安全场景:科技提升冬奥疫情防控等安全防控力度

科技冬奥安全保障板块,围绕疫情防控、特种设备、医疗保障等方面部署技术成果,其中86项科技成果公共安全综合风险评估技术、冬奥会全局全过程态势感知和运行指挥保障技术、冬奥会关键区特种设备安全运行保障技术、冬奥会应急医学保障技术与装备、冬奥会冻伤及颌面创伤综合防治及关键技术、冬奥会口岸快速通关智能监管技术及装备、冬奥和冬残奥会场所人员疏导技术与残障人群协助系统等，在疫情防控、供奥食品的常规安全检查、北京冬奥组委医疗指挥中心、国家体育馆、国家游泳中心、首都体育馆、首钢大跳台斜行电梯、多源数据融合等场景的实际应用，有力支撑了冬奥会和冬残奥会的安全举办。

安全场景亮点技术[①]

- **态势感知与运行指挥保障系统技术。** 研发了冬奥会态势感知与运行指挥保障系统，首次在冬奥组委实现跨领域的数据汇聚、融合、智能分析和可视化指挥，是北京冬奥组委掌握赛事运行总况、进行运行指挥的唯一综合信息集成平台，实现冬奥会事件驱动和数据驱动相结合的运行管理模式创新。

- **诺如病毒快检试剂盒技术。** 诺如病毒快检试剂盒首先在国际上应用 RPA 技术，替代了国际及我国食品安全国家标准中使用的 RT-PCR 和荧光 RT-qPCR 技术，使得基因扩增的时间由原来的 3 小时缩短到了 15 分钟，并且不会出现假阳性结果，灵敏度达到 200 基因拷贝；特异性也很优秀，与其他常见的食源性病毒，如札如病毒、甲肝病毒、戊肝病毒、星状病毒和腺病毒不发生交叉反应，达到了快速检测的技术指标需求，实现食品和水源中诺如病毒 4 小时内出结果，腹泻患者粪便、肛拭子和呕吐物样本 30 分钟出结果的目标。冬奥会期间，为张家口赛区提供诺如病毒快检试剂盒 1000 余份，用于张家口赛区冬奥会供餐食品的常规检验。2022 年 2 月 27 日冬残奥会期间，应奥组委食品安全保障团队的紧急要求，采集 17 份供奥蔬菜企业的工作人员粪便开展诺如病毒的应急检测，并及时提供检测结果。冬奥会之后，该成果可用于易受诺如病毒污染的水源、水产品和蔬菜等高风险食品的常规监测，幼儿园、养老院和学校等人群聚集的场所人员感染诺如病毒的快速诊断，及时确诊，阻断传播。同时 RPA 技术在诺如病毒快检中的成功应用，可带动微生物快检技术领域的产业发展。

---

① 根据"科技冬奥"重点专项优秀成果选编。

• **智能移动方舱技术**。新冠疫情以来，医疗保障成为体育赛事成功举办的关键一环。分布在三大赛区的比赛场馆、持续的赛程、高难度的冰雪赛事等，对此次冬奥会医疗保障工作提出了很高的要求。智能移动方舱，是国内首个基于人工智能的冻伤及颌面创伤移动式智能化诊疗平台。北京冬奥会期间，它在冬奥场馆为运动员保驾护航，担当冰雪赛场上的"应急大夫"。智能方舱内面积不到 20 m^2，配备了卧式锥形束 CT、冻伤面部数据采集系统、便携式智能心肺复苏机、心电监护仪等用于冻伤及颌面创伤现场诊治的关键诊疗整体化装备，可实现传统医疗技术与现代高科技的紧密结合。在智能方舱里，对运动员进行 CT 检查后，人工智能诊疗平台自 CT 影像导入至生成诊断报告，整个过程仅需 30 秒，保障运动员在救治黄金窗口期得到有效治疗。

5. 绿色场景：科技支撑绿色智慧技术大放异彩

围绕绿色智慧场馆建设、智能机器人等方面部署 9 项任务，促进新技术在冬奥会场景中的集成应用。其中，速滑馆绿色智慧场馆建造与低能耗运行技术建立了场馆数字孪生和智能化集成管理平台，节省主体结构工期 2 个月、钢材近 3000 t。国家冬季运动训练中心建成环境精准控制平台，形成场馆"能源总管家"，日能耗降低 10% 以上。布局 123 台服务型智能机器人，在北京冬奥村、首都体育馆等红线内场馆布设防疫配送、安防巡检等智能机器人，并在海淀、朝阳、石景山和延庆 4 个区设立 8 个服务型智能机器人集中示范展示区，开展全流程机器人应用示范。低温环境新能源汽车关键技术，实现氢燃料客车车载储氢压力达到 70 MPa，搭载全气候电池满足低温运行需要，赛时共投入 312 辆氢燃料电池车保障冬奥会运输任务，创造了有史以来氢燃料电池汽车服务国际级赛事运行里程的新纪录。

绿色场景亮点技术[①]

· **二氧化碳跨临界直接蒸发制冰机技术**。"二氧化碳跨临界直接蒸发制冰机技术"成果，应用了双级压缩、全显热回收、内部回热等节能技术。解决了二氧化碳跨临界循环提效问题，达到了制冰机组超高能源效率（冷热综合利用效率最高达到 7.0），冰面温度均质化（冰面温差＜0.3 ℃）的效果。同时应用动态控制技术，满足短道速滑和花样滑冰项目对冰面的快速、高效转换功能（仅需 2 小时）的要求。该成果从关键部件到整机集成，均实现国内设计、加工、组装和运行，对新一代绿色、低碳制冰机组产生巨大影响。冬奥会期间，该成果应用于首都体育馆冰场短道速滑和花样滑冰项目的制冰中，广受各方好评。日本花样滑冰运动员羽生结弦在 2 月 8 日的赛后采访和 2 月 14 日的新闻发布会上都谈到"很喜欢场馆的冰面，滑起来很舒服，冰面是 3 届冬奥会中最舒适的"。该成果可用于冰雪运动项目训练及比赛场馆，带动冰雪运动，甚至冷冻冷藏和冷链运输产业的低碳发展，助力国家双碳战略。

· **虚拟电厂优化协调控制及绿色冬奥电力市场关键技术**。针对绿色电源波动性与绿色用能随机性导致的冬奥赛区绿电供需不平衡问题，通过引入虚拟电厂技术，利用先进的信息通信、优化的能量调控、科学的市场运营，基于云边协同优化调控方法实现了冬奥场馆内外部资源灵活资源的聚合，动态调整了绿色供需偏差，解决了绿色能源协同互动、绿电资源与冬奥场馆交易匹配等问题。冬奥会和冬残奥会期间，基于该成果建成的冬奥虚拟电厂智能管控平台，在崇礼赛区开展示范应用，成功应对场馆电力需求短期波动，保障了崇礼赛区冬奥场馆在 2019 年 7 月至 2022 年 4 月冬奥周期内实现 100% 绿电供应。冬奥会之后，该成果可应用于冀北虚拟电厂示范工程日常运营。

（三）冬奥场景推进先进技术应用与突破

冬奥场景以应用为牵引，科技冬奥实现了奥运史上多项技术的首次突破。为提升办赛水平，科技部会同冬奥组委、国家体育总局、北京市及河北省等

[①] 根据"科技冬奥"重点专项优秀成果选编。

相关部门设立了国家级和省级"科技冬奥"重点专项,"科技冬奥"重点专项65%以上的技术成果在冬奥场景中成功应用,实现了多项新技术、新成果的应用突破,冬奥场景中的成功应用进一步推进了技术创新和迭代升级。为了充分研究场景对奥运技术的推进作用,本课题研究组组织开展了科技冬奥技术成果评估,具体如下。

1. 科技冬奥技术成果评估研究现状

关于科技冬奥技术成果评估的研究,包括对技术评估指标体系和奥运会影响评估指标体系两个方面的研究。

(1) 技术评估指标体系研究现状

技术评估(Technology Assessment,TA)源于20世纪50年代的技术预测(Technology Forecasting)研究,为了能客观、科学地对技术进行量化评估,在60年代末首先出现于美国。我国自1997年开始科技成果鉴定改革工作,并探索开展科技成果评估工作。1994年颁布的《科学技术成果鉴定办法》[①]中针对六大类科技成果列出了评估指标。近年来,我国科技成果评估研究主要围绕科技成果的市场价值评估展开,这些研究活动主要是按照政府对科技评估工作的导向来进行的。

1)《科技成果评估规范》(T/CASTEM 1003—2020)

《科技成果评估规范》是于2020年8月21日发布并实施的团体标准,该标准适用于第三方评估机构对科技成果转化过程中科技成果的评估活动、其他类型的科技成果评估活动参考使用。评估技术内容主要包括:科技成果评估的总体原则,包括分类评估原则、系统性原则、定量定性相结合原则、可溯源原则等;科技成果评估主体要求包括评估机构、评估项目组、咨询专家等;科技成果评估的内容与方法,包括但不限于技术成熟度、技术创新度、技术先进度、知识产权保护情况和团队等;科技成果评估的流程及要求,包括受理申请、制定评估方案、收集信息、组建咨询专家组、分项评估、实地调研(必要时)、形成评估报告、报告审核、交付报告及后续服务等活动。

---

① 根据2016年6月23日发布的科学技术部令第17号《科技部关于对部分规章和文件予以废止的决定》,该办法已废止。

2)《科技成果评价通用要求》(DB510100/T 247—2017)

2018年1月19日,根据《四川省地方标准管理办法》规定,由成都市质量技术监督局批准并发布了《科技成果评价通用要求》(DB510100/T247—2017)。该标准的颁布实施可为增进相关组织与人员对科技成果的认识与了解、促进科技成果转化、优化科技资源配置提供参考。标准内容可为评价方开展科技成果评价提供通用性要求,应用于:①科学技术研究绩效、科技项目实施状况、实施科技奖励和科技资助等活动;②实施技术交易、项目投资、科技金融等活动;③判断技术应用价值、发展前景、实施可行性等。评价内容包括基本信息、技术水平、应用推广、社会效益、经济效益、经济价值、研究团队、研究内容和风险评价等方面。特别是,在该标准中着重强调了科技成果评价的管理过程,从评价方案、职责与资源、信息搜集、信息分析、评价报告、意见反馈、评价资料与保密等8个方面规范了科技成果的评价流程,促使评价方在对科技成果评价过程中建立起一套系统、科学的规章制度,改进评价体系及流程。

3)《技术成熟度评价指南》(GJB/Z 173—2014)

2014年,《技术成熟度评价指南》(GJB/Z 173—2014)正式批准发布。此项标准制定经中国人民解放军总装备部提出,为军用标准,给出了航天器、飞机、舰船、兵器、电子信息装备等领域的TRL(Technology Readiness Level)评价技术就绪水平等级和评价程序等。该标准对我国军用产品及装备的开发、生产与可靠性评价起到了规范作用,同时还将引导和提升我国相关产品的可靠性水平,为我国信息化建设等领域的建设发展发挥着重要的支撑作用。

4)《新材料技术成熟度等级划分及定义》(GB/T 37264—2018)

由工业和信息化部组织起草的《新材料技术成熟度等级划分及定义》(GB/T 37264—2018),于2019年7月1日通过国家市场监督管理总局、国家标准化管理委员会审核批准并正式发布实施。

技术成熟度评价方法起源于20世纪70年代,目前已在国际标准化组织(ISO)、美国国家航空航天局、审计署、国防部、能源部、英国和澳大利亚的国防部、欧洲太空局等部门和组织广泛应用。我国于21世纪初开始在航天飞行器、相关武器型号、飞机与发动机等领域试行技术成熟度评价。近年来,国内一些行业也开展了技术成熟度评价方法的研究工作,并在节能减排、信息技

术等领域得到了应用。

在借鉴其他领域技术成熟度评价标准的基础上,《新材料技术成熟度等级划分及定义》充分考虑了材料从实验室研制到工业批产各个阶段的实际情况,将新材料的技术成熟度划分为实验室、工程化和产业化3个阶段的9个等级,同时界定了成熟度划分的等级条件、划分依据、判定规则等内容。

该标准的发布与实施,将通过统一的标准判断特定新材料产品发展所处阶段,可以为政府制定政策与规划提供科学依据,同时也为社会投资、生产部门等资源进入新材料领域提供相应的决策参考。

5）Technology Readiness Levels

《技术就绪水平》(*Technology Readiness Levels*, TRL)最初由美国航空航天局(NASA)于1995年提出,起初技术成熟度分为7级,后由美国航空航天局起草并发布的《TRL白皮书》,将其改为9个等级。2002年被美国国防部纳入武器采办条例中,并在2005年正式确定为9个等级:①基本原理被发现和阐述;②形成技术概念或应用方案阶段;③应用分析与实验室研究,关键功能实验室验证阶段;④实验室原理样机组件或实验板在实验环境中验证;⑤完整的实验室样机、组件或实验板在相关环境中验证;⑥模拟环境下的系统演示;⑦真实环境下的系统演示;⑧定型试验;⑨运行与评估。技术成熟度的9个等级中涉及科学与技术知识成果、实验、模拟与工程化、产品化等问题,一般认为第5个等级以后的成果具备一定的实用性,适合进一步开发应用与转化,但产品化之后的市场化与产业化问题在技术成熟度等级中并不涉及。

具体来说,美国航空航天局的TRL评估体系的各级特征描述如下:

TRL1:纯粹的科学研究或是刚开始转向应用研究,可能不提出具体技术问题。一般限于对技术基本性质的理论研究,如新一代武器用来做什么。

TRL2:基于已发现的基本原理确定或发明出实际应用,可能是没有实验证明的理论或推测性假设,如高温超导材料或可以用于望远镜传感器。

TRL3:将技术置于应用背景中,从物理机理上验证各独立技术要素的理论预测,或者得到一些尚未集成的或只表现出有限性能的部件。例如,由高能密度物质推进系统的温度/压力关系得出超冷氧可作为推进剂。

TRL4:集成基本技术部件构成联合工作组件或子系统,验证概念设计的性能,但可信度较低。组件可能是实验室中集成的硬件,也可能是实验室中软件构成的系统。为项目立项而进行的演示系统,一般要达到这一级别。

TRL5:试验模型技术可信度明显增大。基本技术组件与已有支持组件合理地集成,还可能会包含一项或多项新技术,在模拟或某种程度上真实的环境下验证。

TRL6:有代表性的模型或原型系统在高可信度的实验室或模拟性使用环境下完成测试和演示。演示验证的可能是未来的一种实际系统,也可能是采用同样技术的类似应用。通过 TRL 6 意味着技术研发已经能够有效规避风险。

TRL7:应用原型已接近或达到预期应用系统的性能。一般情况下,为了确保系统工程和开发管理的可信度,风险较高的关键技术或子系统还会被要求达到 TRL 7,但不是所有子系统中的各项技术都要求达到此级别。

TRL8:证明了技术能在预期环境中以最终形式工作。这标志着"基本型"或第一代产品已经完成,绝大多数情况下,TRL 8 意味着实际系统开发的结束。

TRL9:技术以其最终形式在任务条件下得到实际应用。绝大多数情况下,TRL 9 是实际系统研制中最后一次"故障修复",不排除集成新技术到现有系统的可能性,但不会再有任何的系统扩展或升级。

6)《科学技术评价办法(试行)》

为加强科学技术评价工作、建立健全科学技术评价机制、正确引导科学技术工作健康发展,增强我国科学技术持续创新能力,提高我国科学技术的实力和水平,根据科技部、教育部、中国科学院、中国工程院、国家自然科学基金委联合发布的《关于改进科学技术评价工作的决定》和国家有关法律法规,制定了《科学技术评价办法(试行)》。该办法于 2003 年 9 月 20 日发布,共 10 章 62 条,对评价程序和要求、评价专家遴选、科学技术计划评价、科学技术项目评价、研究与发展机构评价、科学技术成果评价、法律责任等进行了说明和规定,是保证评价活动在公平、公正、公开的原则下,依据客观事实做出科学评价的法规文件。

(2)奥运会影响评估指标体系研究现状

国际奥委会于 2002 年设立了奥运会整体影响评估项目 OGI(Olympic Games Impact),要求从 2008 年北京奥运会开始,每个奥运会主办城市都要在奥运会结束两年内提交 OGI 评估报告,并对举办地奥运会前后短期性与长期性影响进行量化评估。2003年,"奥运遗产(Olympic Games Inheritance,OGI)"作为国家奥委会的职能和使命之一被列入《奥林匹克宪章》,并正式启动了以"奥运会影响报告"为表现形式的奥运遗产规划、评估与研究体系。OGI研究可用作动态管理工具,使组织者及其利益相关者能够全面了解其在举办奥运会期间进行的活动和投资的影响。积极使用OGI研究为组织者提供了一种方法来了解所采取的某些行动的影响,并在必要时进行调整。它还可以用作展示举办奥运会对地方和区域发展的积极贡献的工具。

OGI研究提出了一套指标来衡量奥运会的潜在影响,涵盖3个国际公认的可持续发展领域(经济、社会文化和环境)。考虑到受奥运会组织和影响的不同区域,OGI提出了国家、地区和城市等3个地域概念。

1)环境影响

环境影响评估采用"压力—状态—反应"(Pressure–State–Response,PSR)框架对指标进行逻辑整合,以反映奥运活动对环境造成的压力、环境在承受这些压力后所发生的状态改变,以及面对环境状态改变时应当和已经做出的各种反应。在PSR逻辑框架指导下,国际奥委会提出34个指标来评估奥运的环境影响。这34个环境指标被分为18个压力指标、9个状态指标和7个反应指标。其中,压力指标主要包括资源和能源使用、交通等基础设施建设、奥运场馆设施建设等指标;状态指标主要包括水质、空气质量、土地利用变化等指标;反应指标主要包括环保基础设施建设、生态环境保护等指标。

2)社会文化影响

国际奥委会提供的OGI指标框架分为背景指标和事件指标两类,从政治、社会文化、体育、奥林匹克、传媒与技术等5个系统对奥运会的社会文化影响进行描述和评估,共48个指标。政治系统主要从政治机构、法律机构、公共参与3个维度设置12个指标,包括奥运会筹办过程中的政治介入、与奥运会有关的投票、公共政策的延宕与取消及奥申委、奥组委的人员构成等;社会文化系统从人类发展、文化等维度设置14个指标,包括贫困与社会排斥、教育水平、犯罪率、文化活动、奥林匹克文化项目、奥运标识与吉祥物的认知度等;体育系统从全民体育和专业体育的角度设置9个指标,包括体育与健身活动,学校体育,可用的体育设施,体育中的排斥、歧视、种族主义和暴力,高水平运动员,职业联盟,世界和大洲锦标赛等;奥林匹克系统从奥林匹克体育、反兴奋剂、奥运会筹办等维度设置8个指标,包括奥运会和世界锦标赛上的成绩、全国反兴奋剂情况、赛事观摩与门票可承受性、志愿者等;传媒与技术系统从体育媒体报道、信息技术等维度设置5个指标,包括体育专业媒体、体育播报、举办城市的媒体形象、信息媒体、信息与通信技术等。

3)经济影响

奥运经济活动可以分为直接经济活动和间接经济活动两种。奥运直接经济活动主要包括两个层次:一是直接性投资,如奥运场馆的建设及相关设施的建设投资;二是奥运资源开发,如奥运市场开发的各项内容。奥运间接经济活动,包括为奥运服务的经济活动、借助奥运而开展的活动,以及由于奥运的巨额投资和直接活动而引发的经济行为。在此期间,奥运对经济影响的因素主要表现为与奥运工程相关的各种投资,包括特定线路的交通设施、场馆建设、针对奥运的数字工程建设、特殊项目的环境保护投资,以及相应的供水、供电等基础设施投资。这些投资将直接带动相关产业的增长,并对其他经济领域产生连带效应。奥运的间接经济效应包括直接投资对相关产业的波及效应,间接活动所产生的经济增量,由于奥运机会而产生的注意力经济、品牌经济和借势性的公益经济,以及奥运对经济发展环境的改善。另外,由于间接经济效应对相关产业的拉动性和可持续性,在奥运会结束后,还将通过利用各种奥运遗产而产生后奥运经济,从而使奥运经济表现为衍生经济效应。这些都从一个更广泛的角度对举办城市的经济产生深远的影响。

OGI主要从投资、消费、工资和收入、财政收入与支出结构、公共债务、就业、贸易吸引力、奥运预算,以及对相关行业(运输、旅游业等)的影响等维度共设置44个指标。

OGI建立之后,国际奥委会试图用它来衡量奥运会在每个主办城市超过10年的影响,进而突出可持续性目标。但事实上,只有2010年温哥华冬奥会完成了奥运会影响研究的完整周期,随后在2017年被放弃。

2021年,Martin Müller、Sven Daniel Wolfe等人在 *Nature Sustainability* 上发表的文章 An Evaluation of the Sustainability of the Olympic Games 提出了一个新的奥运会可持续性的定义和概念模型。它从3个方面来定义"可持续的奥运

会"：有限的生态和物质遗产、增强社会公正和展示经济效率。这一定义反映了当前可持续性定义的辩论，即尽量减少资源使用，同时保证最低限度的社会和经济福祉。该模型在强可持续性概念和弱可持续性概念之间达成平衡，前者将生态限制置于社会和经济收益之上，后者认为生态、社会和经济层面可以相互替代，并更加注重社会和经济发展。该模型将可持续性的3个维度细分为3个指标：生态效益、经济效益、社会效益指标，并进一步细化为9个指标，如表4-1所示。

表4-1 奥运会可持续性评估指标体系

序号	指标	测量数据	维度
1	新建工程	新建场馆的比例	生态效益
2	访客足迹	门票数量	
3	赛事影响力	参观与注册数量	
4	预算平衡	奥运成本超支	经济效益
5	金融风险	公共资金份额	
6	长期可利用性	体育和非体育场馆的后续利用	
7	法治	立法的修改情况	社会效益
8	社会安全	因奥运场馆及城市基础设施建设带来的人员转移情况	
9	公众认可度	公众对奥运赛事举办的支持情况	

2. 科技冬奥技术成果评估指标体系框架设计

奥运科技成果评估指标体系根据待评估成果的总体情况，以科学性、系统性、综合性、动态性为原则，采用文献调研法、专家咨询法、层次分析法等多种研究方法，构建了科技冬奥技术成果评估指标体系框架。

（1）指标体系的构建方法和原则

1）指标体系的构建方法

一是文献调研法，围绕冬奥科技项目指标体系构建的需要有目的有计划地查阅文献情报资料。

二是专家咨询法，通过组织多轮专家咨询会，汇总专家意见，分析拟定科技冬奥指标。

三是层次分析法，将冬奥科技项目成果涉及方面分解成多个层次，在此基础之上进行定性和定量分析，研究形成科技奥运指标体系。

2）指标体系的构建原则

①科学性。指标体系构建和指标选取必须以科学性为基础，运用科学的方法，多方位地对科技奥运成果进行客观、真实地评价。

②系统性。指标体系构建时应遵循系统性。根据指标的特征及各个指标之间的逻辑关系，按照相应结构形成不同的指标层，反映科技奥运成果不同方面的特征。

③综合性。科技奥运成果以服务 2022 年北京冬奥会和冬残奥会为目标，在构建指标体系时应综合考虑成果对奥运的支持和影响等作用。

④动态性。对于科技奥运成果的评估，不仅要能反映现时的状态，也要对其未来的发展潜力和影响进行评估。在指标体系构建和指标选取时应遵循动态性原则，全面地衡量成果未来的发展和影响。

（2）指标体系框架及设计思路

指标体系的构建一般包括指标系统、权重系数和评估标准。待评估奥运科技成果技术领域覆盖范围广泛，成果差异大，权重系数难以平衡，因此，指标体系不设权重系数。根据科技奥运成果的技术性和应用场景，结合文献调研与专家咨询，本报告指标体系从 4 个方面构建科技冬奥成果评估框架，分别是奥运科技项目成果的技术价值、经济效益、社会效益和环境效益。

技术价值指标的选取主要参考《科技成果评估规范》（T/CASTEM 1003—2020），该标准适用于第三方评估机构对科技成果转化过程中科技成果的评估活动。技术价值指标从技术创新性、技术先进性、技术成熟度和技术研发团队 4 个方面对奥运科技项目技术价值进行描述和评估，能够系统性、多维度地评价冬奥科技项目的技术价值。

经济效益、社会效益与环境效益方面的指标选取遵循国际奥委会所提供的奥林匹克运动会影响（Olympic Games Impact，OGI）指标体系。OGI 指标体系是国际奥委会于 2007 年 6 月发布的一套官方研究框架，该指标体系可以客观和科学地衡量奥运会对于主办城市和主办国的潜在影响，同时该指标体系也可以作为一种工具，展示举办奥运会对地方和区域发展的积极贡献。

经济效益分为收益性和辐射性两种表现形式。收益性体现在科技奥运成果降低成本、产生收益等方面产生的经济效益，指标包括被评估技术的技术总投入、市场规模及技术投入产出率3个方面。辐射性包括产业带动效应、区域经济推动效应等方面，旨在体现科技奥运成果对产业和区域发展的促进作用，指标包括被评估技术对产业的带动作用、对区域经济推动效应及技术在赛事及其他相关领域创造的工作岗位。

社会效益分析举办奥运会对举办城市和举办国政治系统、社会文化系统、体育系统、奥林匹克系统、传媒和技术系统产生的影响，主要从政治参与、公共安全保障、居民健康、奥林匹克文化传播、全民运动、奥林匹克组织等6个方面对科技奥运成果带来的影响进行描述和评估。

环境效益采用"压力—状态—反应"（Pressure–State–Response，PSR）框架对指标进行逻辑整合，以反映科技奥运成果对环境造成的改变、环境在承受这些压力后所发生的状态改变，以及面对环境状态改变时应当和已经做出的各种反应。将从水资源、大气、土壤资源、能源系统、空间格局、生物多样性及其他方面分析科技奥运成果对环境造成的影响。

3.科技冬奥技术成果评估指标分析及选取

具体指标的选取引用奥林匹克运动会影响（Olympic Games Impact，OGI）指标体系，综合数据资料的可得性、指标的关联性，经过对指标特征的梳理分析和多轮专家咨询，选取指标构建奥运科技成果指标体系。

（1）技术价值

技术价值指由于技术的开发、生产、应用、普及所带来的价值，包括创新性、先进性、成熟度和研发团队4个方面。

1）创新性

创新性指技术的创造性和新颖性，具体包括创新水平、创新类型和知识产权状态3个方面。

①创新水平。

指标说明：该指标评估的是技术创新点在特定地域范围及应用领域范围内有或无的情况；该项指标包括7级水平：国际领先、国际先进、国内空白、国内领先、国内先进、行业领先、一般水平。

测算方法：专家评分法。

数据来源：项目组、专家组。

②创新类型。

指标说明：该指标评估技术成果的技术实现复杂程度；该项指标内容包括原创创新技术、集成创新技术和引进消化再创新技术。

测算方法：专家评分法。

数据来源：项目组、专家组。

③知识产权状态型。

指标说明：评估项目组应根据证明材料明确知识产权信息；该项指标内容包括国际专利和国内专利两项内容，国际/国内专利指标分别包括但不限于知识产权数量、类型、申请进展、保护期限、剩余年限等。

测算方法：根据项目方提供的资料进行整理后专家评分。

数据来源：项目组、国家知识产权局。

2）先进性

指标说明：该指标评估在特定地域范围及应用领域范围内，科技成果的核心性能指标或功能参数与具有相同应用目的的对标科技成果相比所处的水平。

测算方法：项目评估应根据证明材料确定被评科技成果和对标科技成果相同指标的值，结合专家咨询意见，确定技术的先进等级。科技冬奥成果先进性等级的划分如表4-2所示。

数据来源：项目组、国家标准、行业标准、地方标准、团体标准、权威媒体、检验检测机构、论文/专利检索数据库、专家组。

表4-2 科技冬奥成果先进性等级

等级	等级说明
1	该成果的核心性能指标或功能参数值未达到2～7级的任何一条要求
2	该成果的核心性能指标或功能参数值达到所在行业领域国内现有国家标准、行业标准、地方标准、团体标准和企业标准等各种标准中所规定的最低值
3	该成果的核心性能指标或功能参数值达到所在行业领域国内现有国家标准、行业标准、地方标准、团体标准和企业标准等各种标准中所规定的最高值

续表

等级	等级说明
4	该成果的核心性能指标或功能参数值至少满足以下条件之一： ①达到权威媒体报道的或相关检验检测机构*的国内一流品牌产品的指标值； ②达到国内专利检索中的最高数据水平； ③达到中文核心期刊所发表论文中的数据水平； ④其他情况：不符合以上条件，但经专家组讨论认为，在国内范围内达到相同应用目的其他类似技术的相应指标值，且有书面数据和相应证明材料
5	该成果的核心性能指标或功能参数值至少满足以下条件之一： ①高于公开媒体报道的或相关检验检测机构的国内一流品牌产品的指标值； ②高于国内专利检索中的最高数据水平； ③高于中文核心期刊所发表论文中的数据水平； ④其他情况：不符合以上条件，但经专家组讨论认为，在国内范围内高于相同应用目的其他类似技术的相应指标值，且有书面数据和相应证明材料
6	该成果的核心性能指标或功能参数值至少满足以下条件之一： ①达到公开报道的或相关检验检测机构的国际一流品牌产品的指标值； ②达到国际专利检索中的最高数据水平； ③达到SCI、EI等国际权威期刊所发表论文中的数据水平； ④其他情况：不符合以上条件，但经专家组讨论认为，在国际范围内达到相同应用目的其他类似技术的相应指标值，且有书面数据和相应证明材料
7	该成果的核心性能指标或功能参数值至少满足以下条件之一： ①高于公开报道的或相关检验检测机构的国际一流品牌产品的指标值； ②高于国际专利检索中的最高数据水平； ③高于SCI、EI等国际权威期刊所发表论文中的数据水平； ④其他情况：不符合以上条件，但经专家组讨论认为，在国际范围内高于相同应用目的其他类似技术的相应指标值，且有书面数据和相应证明材料

*说明：检验检测机构，是指根据国家质检总局颁布的《检验检测机构资质认定管理办法》依法成立，依据相关标准或者技术规范，利用仪器设备、环境设施等技术条件和专业技能，对产品或者法律法规规定的特定对象进行检验检测的专业技术组织。

3）成熟度

成熟度指技术距离转化应用的情况，包括稳定性、可靠性、转化难度、技术所属生命阶段4个方面。

①稳定性。

指标说明：该指标用来评估技术能够稳定提供供给和服务的能力；该指标包括但不限于以下两个层次：故障率和故障发生后如何降低故障造成的影响。

测算方法：根据项目方提供的资料选择合适的方法统计计算。

数据来源：项目方。

②可靠性。

指标说明：该指标用来评估技术在特定的使用条件下，在既定的时间内，执行特定功能，成功达成工作目标的可能性；该指标包括4个方面：功能、使用条件、时间和成功概率。

测算方法：根据项目方提供的资料选择合适的方法统计计算。

数据来源：项目方。

③转化难度。

指标说明：该指标用来评估技术向实际产品转化过程中所需各项配套资源的支持程度及该技术能够实现规模生产的可能性程度；该指标包括5个维度：成本及竞争优势、生产条件和产业资源、市场需求、认证/许可情况及政策影响。科技冬奥成果转化难度的测算可根据表4-3中的细分指标进行测算。

表4-3 科技冬奥成果转化难度测算的细分指标

一级指标	二级指标	三级指标	四级指标
成本及竞争优势	—		
生产条件和产业资源	生产需求强度	生产场地	车间
			物流
			配套设施
		生产环境	水
			电器
			环保
	支撑力度	生产需求	已有生产设备
			已有生产场地支持力度
			已有生产环境支持力度
		资金资源	资金需求
			资金具备
		人力资源	—

续表

一级指标	二级指标	三级指标	四级指标
生产条件和产业资源	产业资源	产业配套需求	上下游产业
			上下游产品
			产业配套人力资源
			技术资源
			消费市场主体
		产业资源整合具备程度	生产场地
			生产装备
			产业配套
市场需求	客户群体	客户群体分类	—
		客户群体定位	高端
			中端
			低端
	项目销售推广难度和项目方营销能力		—
	市场规模	目前国内	—
		未来国内	—
		目前国际	—
		未来国际	—
	盈利预期		—
认证/许可情况	国际认证/许可		—
	国内认证/许可		—
政策影响			—

注:"—"中内容可根据评估项目方提供的资料和项目实际情况获取。
数据来源:项目方、行业联盟或相关资质认定方、国家/地方政策文件。

④技术所属生命阶段。

指标说明:该指标用来描述新技术推向市场时面临的5个阶段,不同阶段对应着截然不同的消费者,由此来评估该技术的推广与成熟度;该指标包括5

个维度：创新者、早期采用者、成长阶段（早期大众）、成熟阶段（后期大众）和衰退阶段（落后者）。

测算方法：根据项目方提供的资料进行整理。

数据来源：项目方、专家组。

4）研发团队

研发团队水平对于技术价值有着重要影响。具体包括团队负责人、团队成员、团队能力3个方面。

①团队负责人。

指标说明：该指标指技术成果首席带头人的资历背景、领域地位、研发业绩和领军经验；该指标包括5个部分：研究方向、学术代表作、承担的代表性项目、成果转化代表性业绩和科研诚信记录。

测算方法：根据项目方提供的资料整理后专家评分。

数据来源：项目方、项目负责人访谈记录。

②团队成员。

指标说明：该指标指技术成果研发团队所有成员的基本信息；该指标包括但不限于姓名、性别、出生年月、职称、学历/学位、工作单位、工作经验和在被评估项目中做出的贡献等。

测算方法：根据项目方提供的资料整理后专家评分。

数据来源：项目方。

③团队能力。

指标说明：项目评估组应对技术研发团队的能力进行整体评估；该指标包括但不限于研发能力、商务能力、团队完整性、团队稳定性、核心人员行业技术地位（水平）和科研诚信度等。

测算方法：根据项目方提供的资料整理后专家评分。

数据来源：项目方、专家组。

（2）经济效益

经济效益旨在反映科技冬奥成果对奥运举办城市及举办国经济产生的影响。由于技术的经济效益和奥运活动的经济效益存在差距，因此，在部分OGI指标引用时做了相应调整，具体包括技术总投入、市场规模、技术对产业的带动作用、技术对区域经济的推动效应、技术投入产出率、技术在赛事及背景活动中创造的工作岗位 7 个方面。

1）技术总投入

指标说明：该指标描述用于研究开发该技术的总投入资金（EC36—奥运会活动的总资金支出，EC37—奥运背景活动的总资金支出，EC38—进行奥运活动时支付的总工资）。

测算方法：直接计算法、专家打分法。

数据来源：项目方、科技部、奥组委。

2）市场规模

指标说明：该指标描述技术成果实施转化的目标市场规模（EC43—奥运活动的总税收），该项指标的内容可包括以下 4 个方面：当前国内目标市场规模、未来国内预期市场规模、当前国际目标市场规模、未来国际预期市场规模。

测算方法：专家评分法。

数据来源：权威预测机构。

3）技术对产业的带动作用

指标说明：该指标描述技术对于既有产业和新产业的带动作用（EC29—奥运会和残奥会直接创造的相关业务）。

测算方法：专家评分法。由多种因素组成，可用描述阐述，包括：技术对产业政策造成的影响；技术对产业结构、市场规模等造成的影响；不同价值取向的公众、团体对技术产生的舆论对既有产业和新产业造成的影响等。

数据来源：工业和信息化部；国家市场监管总局。

4）技术对区域经济的推动效应

指标说明：指技术对地区经济所起到的助推作用程度或经济贡献程度（EC39—奥运背景活动总资本支出与奥运活动总资本支出的比率）。

测算方法：专家评分法。由多种因素组成，可用描述阐述，包括人口流动、区域不同行业的空间布局变化趋势等。

数据来源：工业和信息化部；文化旅游部。

5）技术投入产出率

指标说明：其值越大，表明该技术经济效果越好（EC43/EC36—38）。

测算方法：直接计算法、专家打分法。

数据来源：项目方、科技部、奥组委。

6）技术在赛事及背景活动中创造的工作岗位

指标说明：该技术在赛事及背景活动中创造的工作岗位。

测算方法：估计法。

数据来源：统计局、权威评估机构。

（3）社会效益

社会效益指技术对于人们物质文化需求的满足程度，具体包括政治参与、公共安全保障、居民健康、奥林匹克文化传播、全民运动、奥林匹克组织6个方面。

1）政治参与

政治参与（S01）指标衡量的是技术成果对公民政治参与度的影响，包括对公共事务参与的影响、对公共政策颁布的影响、对民意调查实施的影响、对公共服务普及性的影响4个方面。

①技术对公共事务参与的影响。

指标说明：该指标评估技术成果对民间机构、公众参与公共事务的程度及可能出现的新公共问题的影响（S03）。

测算方法：专家评分，根据该技术成果对民间机构、公众参与社会事务的影响进行打分，包括参与效率高低、参与便利程度、参与过程中是否出现新的公共问题等。

数据来源：项目方、专家组。

②技术对公共政策颁布的影响。

指标说明：该指标评估技术成果对民间机构、公众政治参与程度的影响，包括对奥运相关公共政策的出台、放弃或者重新定位的影响（S026）。

测算方法：专家评分，搜集奥运相关的公共政策新出台、放弃、重新定位的资料，由专家评估技术成果对其产生影响的程度。

数据来源：项目方、奥运政策出台相关部门、专家组。

③技术对民意调查实施的影响。

指标说明：该指标评估技术成果对与奥运会相关的投票及实施的影响

（S027）；对民意调查实施的影响（S029）。

测算方法：专家评分，根据该技术成果对奥运相关投票、民意调查实施的效率高低、便利程度、准确性、覆盖范围等进行评分。

数据来源：项目方、奥组委、权威咨询机构、专家组。

④对公共服务普及性的影响。

指标说明：该指标评估技术成果对公共建筑、公共服务措施对民众的普及性影响。

测算方法：专家评分，根据该技术成果对奥运东道主城市一些关键公共建筑的适应性，以及是否为残疾人提供畅通无阻、公平且有尊严地获得所需服务的机会等进行评分。

数据来源：项目方、专家组。

2）公共安全保障

指标说明：该指标衡量技术成果对奥运举办地区/城市的公共安全保障带来的影响，主要评估技术成果对奥运会相关犯罪，乃至整个社会公共安全方面的预警、防控的影响。

测算方法：专家评分，统计奥运会相关公共安全事件总数，评估该技术成果对场馆安全、赛事安全乃至整个社会公共安全的预警和防控作用，分级打分。

数据来源：项目方、专家组。

3）居民健康

指标说明：该指标评估技术成果对奥运会期间运动员伤病防控、心理健康、科学营养等，乃至奥运会后对全民健康方面的影响。

测算方法：专家评分，调查、统计奥运会期间运动员伤病情况、心理健康病例情况、科学营养情况等，评估该技术成果对以上各方面的影响程度；统计居民健康病例情况、科学营养情况，预测技术成果将对全民健康带来的影响，分级打分。

数据来源：项目方、权威咨询机构、专家组。

4）奥林匹克文化传播

指标说明：该指标评估技术成果对奥林匹克文化（奥林匹克相关的艺术设计、文化节目、标志、吉祥物等）传播的影响。

测算方法：专家评分，评估该技术成果对奥林匹克文化传播的提升影响，调查统计与奥运会和残奥会主要文化项目相关的项目数（包括开幕式和闭幕式、奖牌仪式和官方文化项目）、参与的人数、相关的艺术设计、标志、吉祥物的识别率等，评估使用该项技术成果带来以上数据的变化。

数据来源：奥组委、项目方、专家组、权威咨询机构。

5）全民运动

全民运动（S05）指标衡量的是技术成果对举办地区、城市乃至整个国家全民运动带来的影响，主要包括对学校体育教育的影响和对提升全民体育热情活力的影响两个方面。

①对学校体育教育的影响。

指标说明：该指标评估技术成果对"三亿人参与冰雪运动"中学校体育教育的影响，包括东道主国家或地区所采取的体育教育方向及教育程度、残疾人专业体育教育等。

测算方法：专家评分。

数据来源：项目方、教育局、专家组。

②对提升全民体育热情活力的影响。

指标说明：该指标评估技术成果对"三亿人参与冰雪运动"中提升全民参与冰雪运动的活力和能力方面的影响，包括提升体育活动的参与者人数（S012）、开发建造新的体育设施（S014）、提升残疾人参与体育活动的便利性（S046）等。

测算方法：专家评分。

数据来源：项目方、权威咨询机构、专家组。

6）奥林匹克组织

奥林匹克组织（S06）指标衡量技术成果对奥运会组织带来的影响，表现在提升运动员成绩、反兴奋剂控制、奥运场馆设施可持续性、对奥林匹克赛事转播的支撑作用4个方面。

①对提升运动员成绩的影响。

指标说明：该指标评估技术成果对提升运动员运动表现、技能优化、提升训练及比赛成绩方面的影响。

测算方法：定量数据分级评分。

数据来源：项目方、奥组委。

②对反兴奋剂控制的影响。

指标说明：该指标评估技术成果对提升兴奋剂检测水平、反兴奋剂控制等方面的影响。

测算方法：定量数据分级评分。

数据来源：项目方、奥组委。

③对奥运场馆、设施可持续性的影响。

指标说明：该指标评估技术成果对奥运会、残奥会比赛和非比赛场馆在奥运会期间开放的程度，以及它在赛后使用程度的影响。

测算方法：专家评分。

数据来源：项目方、专家组、权威咨询机构。

④对奥林匹克赛事转播的支撑作用的影响。

指标说明：该指标评估技术成果对奥林匹克赛事转播的支撑作用，包括保障赛事转播、扩大奥运相关信息传播、提升观赛体验等方面。

测算方法：定量数据分级评分+专家评分。

数据来源：项目方、专家组、权威咨询机构、奥运宣传相关部门。

（4）环境效益

环境效益指技术对生态环境系统结构和功能上的影响，包括技术对水资源、大气、土壤、能源系统、空间格局、生物多样性、其他7个方面的影响。

1）技术对水资源的影响

技术对水资源的影响包括对水环境的影响和对水资源利用的影响。

①技术对水环境的影响。

指标说明：该指标评估技术对水环境的影响（En19—废水处理）。

测算方法：对技术使用产生废水中的SS（固体悬浮物）、COD（化学需氧量）、BOD（生化需氧量）等进行测算；对技术影响或可能影响的水环境进行水质监测。

数据来源：项目方、第三方检测机构或专家评估。

②技术对水资源利用的影响。

指标说明：该指标评估对水资源利用状况、海水与再生水利用状况的影响

（En1—可再生水资源使用；En2—公共供水）。

测算方法：测算技术对公共供水、可再生水或海水的用量。

数据来源：自来水集团、项目方或专家评估。

2）技术对大气的影响

指标说明：该指标评估技术对空气环境的影响（En4—温室气体排放）。

测算方法：分别在技术使用前和技术使用后，对技术使用环境的空气质量进行检测。

数据来源：项目方、第三方检测机构或专家评估。

3）技术对土壤资源系统的影响

指标说明：该指标评估对固体废物，包括一般工业固体废物、一般农业固体废物、危险废物、生活垃圾等内容的产生量、危险废物的产生量、产生源分布的影响（En18—固体废物处理；En32—奥运会和残奥会固体废物的产生）。

测算方法：测算技术应用产生的固体废物总量及类型；测算技术使用前和技术使用后固体废物产生的总量及类型并进行对比。

数据来源：项目方或专家评估。

4）技术对能源系统的影响

指标说明：该指标评估对能源利用量、能源结构及利用效率的影响（En14—按来源划分的能源消耗；En15—按使用计算的能源消耗；En16—能源自给自足；En31—奥运能源消耗）。

测算方法：测算技术的用电总量；测算技术应用前后能源结构及利用效率并进行对比。

数据来源：项目方或专家评估。

5）技术对空间格局的影响

技术对空间格局的影响主要包括对环境保护区的影响、对土地资源利用的影响、对交通及空间布局利用的影响3个方面。

①技术对环境保护区的影响。

指标说明：该指标评估对环境保护区和历史文化保护地的影响（En7—受保护地点；En22—受保护地点的奥林匹克和残奥会场馆）。

测算方法：评估技术对环境保护区和历史文化保护地可能产生的影响及影响程度。

数据来源：项目方或专家评估。

②技术对土地资源利用的影响。

指标说明：该指标评估对土地资源利用类型、面积及其分布的影响（En6—土地利用变化；En21—奥运会引起的土地使用变化；En24—奥运住宅；En9—住房区域；En10—公众户外休闲区）。

测算方法：评估技术或项目对土地资源利用类型、利用面积产生的影响。

数据来源：项目方或专家评估。

③技术对交通及空间布局利用的影响。

指标说明：该指标评估对交通运输结构、空间布局的影响（En11—运输网络；En12—每日旅行距离；En13—道路拥挤；En29—奥运会引发的交通基础设施；En30—奥运交通影响）。

测算方法：分析技术或项目对交通运输网络的影响。

数据来源：项目方或专家评估。

6）技术对生物多样性的影响

指标说明：该指标评估对动植物的影响（En8—濒危物种）。

测算方法：评估技术可能影响到的动植物濒危物种及影响程度。

数据来源：项目方或专家评估。

7）其他

其他影响主要有技术对旅游资源利用的影响及技术对原材料消耗的影响两个方面。

①技术对旅游资源利用的影响。

指标说明：该指标评估对旅游资源和景观资源的开发利用状况的影响（En26—奥运会和残奥会场馆容量；En27—奥运会和残奥会场馆的生命周期清单；En28—奥运会和残奥会场馆的运营和维护）。

测算方法：测算技术或项目对旅游资源和景观资源的利用提升情况。

数据来源：项目方或专家评估。

②技术对原材料消耗的影响。

指标说明：该指标评估对建筑行业使用的以下原材料的消耗量：木材、钢铁、铝、水泥、石头、沙子和砾石（En17—原材料消耗）。

测算方法：测算技术或项目对木材、钢铁、铝、水泥、石头、沙子和砾石等的用量。

数据来源：项目方或专家评估。

4.科技冬奥技术成果评估指标体系的构成

经过对技术价值、经济效益、社会效益、环境效益4个方面的分析和指标选取，可以构建出奥运科技成果的评估指标体系，具体如表4-4所示。构建的奥运科技成果指标体系从不同维度反映了奥运科技成果的技术性及其对经济、社会、环境的影响。

表4-4 科技冬奥技术成果评估指标体系的构成

一级指标	二级指标	三级指标	OGI参考指标
技术价值	创新性	创新水平	—
		创新类型	—
		知识产权状态	—
	先进性	—	—
	成熟度	稳定性	—
		可靠性	—
		转化难度	—
		技术所属生命阶段	—
	研发团队	团队负责人	—
		团队成员	—
		团队能力	—

续表

一级指标	二级指标	三级指标	OGI 参考指标
经济效益	技术对经济的影响	技术总投入	奥运会活动的总资金支出（EC36）；奥运背景活动的总资金支出（EC37）；进行奥运活动时支付的总工资（EC38）
		市场规模	奥运活动的总税收（EC43）
		技术对产业的带动作用	奥运会和残奥会直接创造的相关业务（EC29）
		技术对于区域经济的推动效应	奥运背景活动总资本支出与奥运活动总资本支出的比率（EC39）
		技术投入产出率	奥运活动的总税收（EC43）；奥运会活动的总资金支出（EC36）；奥运背景活动的总资金支出（EC37）；进行奥运活动时支付的总工资（EC38）
		技术在赛事及背景活动中创造的工作岗位	—
社会效益	技术对政治参与度的影响	技术对公共事务参与的影响	对公共事务参与的影响（S07）
		技术对公共政策颁布的影响	对公共政策颁布的影响（S08）
		技术对民意调查实施的影响	对民意调查实施的影响（S09）
		对公共服务普及性的影响	对公共服务的普及性的影响（S010）
	技术对公共安全保障的影响	—	—
	技术对提升居民健康程度的影响	—	—
	技术对奥林匹克文化传播的影响	—	—

续表

一级指标	二级指标	三级指标	OGI参考指标
社会效益	技术对促进全民运动的影响	对学校体育教育的影响	对学校体育教育的影响（SO11）
		对提升全民体育热情活力的影响	对提升全民体育热情活力的影响（SO12）
	技术对奥林匹克组织的影响	对提升运动员成绩的影响	对提升运动员成绩的影响（SO13）
		对反兴奋剂控制的影响	对反兴奋剂控制的影响（SO14）
		对奥运场馆、设施可持续性的影响	奥运场馆、设施可持续性的影响（SO15）
		对奥林匹克赛事转播的支撑作用	对奥林匹克赛事转播的支撑作用（SO16）
环境效益	技术对水资源的影响	技术对水环境的影响	废水处理（En19）
		技术对水资源利用的影响	可再生水资源使用（En1）；公共供水（En2）
	技术对大气的影响	技术对空气环境的影响	温室气体排放（En4）
	技术对土壤资源系统的影响	技术对固体废物产生的影响	固体废物处理（En18）；奥运会和残奥会固体废物的产生（En32）
	技术对能源系统的影响	技术对能源利用的影响	按来源划分的能源消耗（En14）；按使用计算的能源消耗（En15）；能源自给自足（En16）；奥运能源消耗（En31）
	技术对空间格局的影响	技术对环境保护区的影响	受保护地点（En7）；受保护地点的奥林匹克和残奥会场馆（En22）
		技术对土地资源利用的影响	土地利用变化（En6）；奥运会引起的土地使用变化（En21）；奥运住宅（En24）；住房区域（En9）；公众户外休闲区（En10）

续表

一级指标	二级指标	三级指标	OGI 参考指标
环境效益	技术对空间格局的影响	技术对交通及空间布局利用的影响	运输网络（En11）；每日旅行距离（En12）；道路拥挤（En13）；奥运会引发的交通基础设施（En29）；奥运交通影响（En30）
	技术对生物多样性的影响	技术对生物多样性的影响	濒危物种（En8）
	其他	技术对旅游资源利用的影响	奥运会和残奥会场馆容量（En26）；奥运会和残奥会场馆的生命周期清单（En27）；奥运会和残奥会场馆的运营和维护（En28）
		技术对原材料消耗的影响	原材料消耗（En17）

5. 北京冬奥科技成果先进性评估结果分析

以科技冬奥技术成果评估指标体系为工具，项目组分两轮共组织专家161人次对2022年北京冬奥会255项科技冬奥技术进行了评估。按照基础建设、绿色低碳、冰雪运动、城市运行、安全保障、智慧服务、疫情防控等7个大的场景，共筛选科技冬奥优秀技术124项，涉及信息工程与软件工程、公共安全、高清视频、5G和新能源等领域，适用智慧、绿色、安全、防疫等65个细分应用场景。其中，全球首次应用技术4项、国际领先技术7项、国际先进技术41项、冬奥会首次使用技术33项。

三、奥运技术和场景互动典型案例

国家速滑馆智慧场馆建设和应用关键技术研究与示范应用项目由北京国家速滑馆经营有限责任公司牵头承担，共取得6项主要技术成果，均在2022年北京冬奥会和冬残奥会实际应用。在此选取典型4项进行说明。①

---

① 根据"科技冬奥"重点专项优秀成果选编。

（一）单层索网＋环桁架＋幕墙拉索异面网壳高性能结构体系

1. 技术先进性

通过全过程仿真分析和模型试验，研发了适用于国家速滑馆的超大跨度高性能结构体系，相较于空间结构常用的网架和桁架，本体系可降低标高 8～10 m，大幅降低幕墙、空调投入，节省施工措施费、工期，达到了力学性能最优、材料最省、施工便利、造价低廉、耐久性好的高性能结构体系，用钢量仅为传统钢结构钢材使用量的 1/4。

为满足建设成本和工期，首次自主研制建筑用大直径高钒密闭索，提出了索体、"Z"形钢丝、受力锚具等技术方案，建立了完整的构件加工制作工艺流程和完整的生产与质量保证体系，实现国产高钒密闭索量产。全国产密闭索性能达到欧洲标准，打破了国外同类产品垄断，使密闭索单价由整体进口索的 14 万元/t 下降至约 3.5 万元/t，供货期缩短近 1/2。

研发了全新的超大跨索网找形方法，考虑边界形状、拓扑关系、预应力和屋顶重量分布等因素的共同影响，使索网初始态位形相对理论抛物面最大偏差距离不超过 5 mm，基本吻合双曲抛物面；考虑弹性边界的形态控制，通过环桁架预变形和修正索网初应变，使主受力体系初始态中的索网形态与固定边界结果一致，实现了弹性边界下的索网形态控制，使索网相对目标位形最大偏差由 502 mm 降低到不超过 5 mm。

2. 应用情况或可应用场景

冬奥会期间，该成果用于国家速滑馆建造。通过设计调整、施工控制，将国产密闭索首次应用于国家重点建筑工程，带动了国产密闭索在建筑领域大面积的推广应用，已推广应用至浦东足球场、2022年卡塔尔世界杯开闭幕式体育场等国内外大型项目，累计合同额达到 2.5 亿元。冬奥会之后，该成果可用于大型预应力结构的设计，带动了我国索网结构产业发展。

（二）环桁架低高位变轨滑移、索网地面编索整体提升张拉智能建造技术

1. 技术先进情况

研发了基于平行施工的高精度技术体系，满足了安全、质量、工期、场地、投资的要求；首创了基于计算机控制的异位与原位混合安装、高低位二次变轨滑移的环桁架施工方法，滑移合龙段间隙仅 1 cm、拉索耳板偏差 < 10 mm，节约滑移胎架 2800 t；研发了国内首个大吨位、大面积的超大跨度单层正交索网同步张拉技术，100% 稳定索力偏差 < 10%，96% 承重索力偏差 < 10%，全部低于验收标准要求的 < 15%，94.24% 索夹位置偏差 < 10 mm（图 4-2）；建立了工程全生命周期健康监测系统，实现了指导施工、预警报警的同步技术。

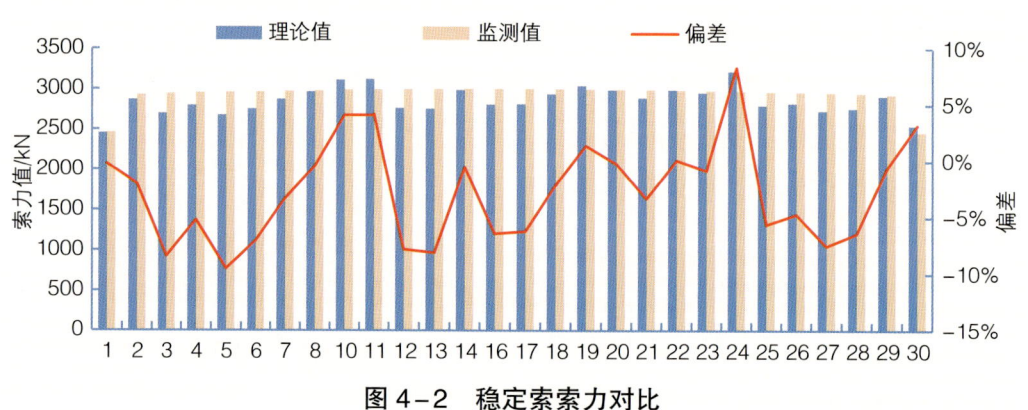

图 4-2 稳定索索力对比

2. 应用情况或可应用场景

冬奥会期间，该成果用于国家速滑馆建造。在速滑馆整体结构施工中，基于全过程统一 BIM 模型及全参与方一体化协同、建造全过程的高精度仿真、高质量高精度构件加工和安装、实时高精度测控、施工偏差实时调整，以及基于大数据和人工智能的人、机、料、资源、环境精细化管控等技术，创立了高效高精度平行施工技术体系（图 4-3），实现了国家速滑馆的精益高效建造。冬奥会之后，该成果可用于大型体育场馆空间结构施工，带动我国钢结构产业发展。

图 4-3 平行施工现场照片

(三)二氧化碳跨临界直冷制冰系统

长期以来,在制冰技术方面冰雪场馆的设计标准、规范及相应的制冷和环境控制系统核心技术均被美国、日本、欧洲等垄断,尤其是冬奥会、冬残奥会等大型赛事的制冰技术及核心设备。为此,开展了国家速滑馆快速滑道冰面形成理论与多功能超大冰面冰池构造、多功能二氧化碳跨临界制冰系统、室内环境精细控制、冰面与室内环境自动化监控等关键技术的研究。

1. 技术先进性

为实现"绿色"办奥理念,国家速滑馆研究选择了多功能、全冰面设计方案并采用二氧化碳跨临界直冷制冰系统,无色无味,不助燃、不可燃,ODP(破坏臭氧层潜能值)为 0,相较于传统制冷剂 GWP(全球变暖潜能值)由 3985 骤减至 1,同时能效提升 20% 以上,是环保型和可持续性最好的冷媒之一,将来在"冰丝带"全冰面运行的情况下,相比氟利昂系统直接碳排放减少 25 000 t,制冷产生的余热用于运动员生活热水、融冰池融冰等方面,一年可节省约 200 万 kW·h 电,实现了低碳节能。通过建立冻冰过程的动态三维传热模型,搭建冻冰过程的试验台,建立了国家速滑馆快速滑道冰面形成理论,将 1.2 万 m^2 的全冰面温差控制在 ±0.5 ℃,远低于国际速滑比赛场馆 ±1.5 ℃ 的温差要求。

2. 应用情况或可应用场景

冬奥会期间，该成果用于国家速滑馆建造。国家速滑馆成为世界上首个采用二氧化碳跨临界直冷制冰技术的冬奥速滑场馆，在北京冬奥会期间，国家速滑馆共进行了14个小项的比赛，有来自27个国家和地区的166名运动员参赛，13次刷新奥运会纪录，其中1次打破世界纪录，成为史上诞生速度滑冰奥运会纪录最多的一届冬奥会。冬奥会之后，该成果可用于室内滑冰场的设计，带动我国冰雪产业发展。

（四）超大速滑场地制冰排管形态和混凝土地坪连续标高面快速超高精度测量技术

1. 技术先进性

制冰排管的高精度安装是保障精确控制冰面温度、厚度、稳定性等指标的前提与基础，提出了模型驱动的一测多用高密度网状排管表观形态高效测量新方法，发明了基于三维激光测量的超大速滑场地制冰排管安装高精度检测方法，充分发挥三维激光扫描效率高、机动灵活、安全可靠、适应环境强、功能全面等优点，突破了在复杂施工环境下点云的有效获取和超高精度定位，实现了现场对所有制冰排管的全覆盖检测（图4-4）。针对速滑场地混凝土地坪浇筑施工过程中需实时获取平整度的需求，传统惯导测量方法受限于封闭场馆室内信号弱无法实施的难题，发明了一种平板拖拽式惯性平整度测量系统，融合高精度全站仪平面坐标和惯性相对高程，获取连续测线的冰面混凝土平整度，实现混凝土初凝状态下平整度快速测量，精度达到5 m范围±1 mm，辅助施工期冰面混凝土磨平作业；发明了一种轮式惯性平整度测量系统，融合高精度里程计和惯导，实现地面相对三维曲线测量，通过一定密度的测线格网，实现对地面平整度的全面测量，精度达到5 m范围±0.5 mm。

2. 应用情况或可应用场景

冬奥会期间，该成果用于国家速滑馆建造。在基于三维激光测量的超大速滑场地制冰排管安装高精度检测方法国家速滑馆实际应用中提取的平行度、翘曲检测成果精度达到±2 mm，为保障制冰效果、实现均匀制冷提供了基础保障。通过以混凝土地坪连续标高面快速超高精度测量技术的应用，确保了1.2万 m^2 冰板平整度 $\leqslant$ 3 mm，远小于国际滑联的不大于 5 mm 要求，有效保障了国家速滑馆冰面混凝土施工的质量和效率。冬奥会之后，该成果可用于室内滑冰场的建造过程，带动我国冰雪产业发展。

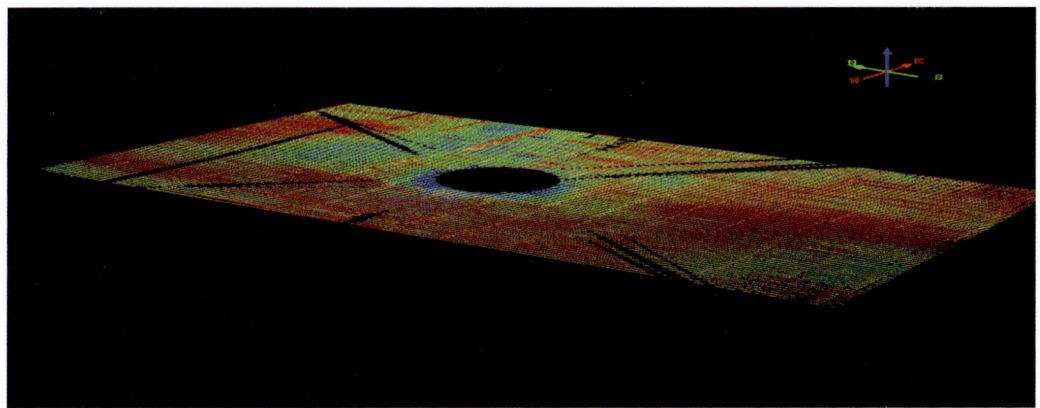

图4-4　国家速滑馆制冰排管三维激光模型

第八章

北京冬奥与科技互动发展的实践经验总结

随着科技的快速发展，科技与奥运的互动发展受到各个主办国的高度重视，透过奥运会这扇窗口，不仅向世界展现了主办国的科技创新实力，更是借助奥运会丰富的应用场景对新技术进行锤炼，实现科技创新与产业经济互动融合和升级发展。2022年北京冬奥会、冬残奥会的举办，正是奥运与科技互动发展实践的典范。在冬奥会、冬残奥会筹办期间，习近平总书记强调"要坚持绿色办奥、共享办奥、开放办奥、廉洁办奥的理念，突出科技、智慧、绿色、节俭特色。"科技冬奥是2022年北京冬奥会的主要特色。科技与冬奥的互动融合，不仅支撑了冬奥会的成功举办，落实了办奥理念，更重要的是推动了科技创新发展，并为后冬奥时代留下了丰富的科技遗产，为促进科技创新成果在产业经济、城市运行及民生领域的广泛可持续利用奠定了坚实的基础。科技冬奥书写出了冬奥会史上永不落幕的经典，也为科技创造人类美好的未来提供了很好的借鉴经验。

一、以科技冬奥理念为引导的谋划布局是科技与冬奥互动发展从愿景走向现实的坚实基础

理念是行动的先导，发展理念是否正确，从根本上决定着发展成效乃至成败。科技冬奥理念便是"绿色、共享、开放、廉洁"的冬奥会理念的重要组成部分，是引领高质量办奥的重要基础。

（一）科技冬奥理念是落实冬奥会理念的必然要求

2015年7月31日，在马来西亚吉隆坡举行的国际奥委会第128次全会上，习近平主席向世界承诺，要举办一届"精彩、非凡、卓越"的冬奥会，描绘出科技冬奥的愿景。2015年8月20日，习近平总书记在中共中央政治局常委会会议上提出坚持绿色办奥、共享办奥、开放办奥、廉洁办奥的重要指示，为如何筹办冬奥会提供了根本遵循，亦为"科技冬奥"重点专项的实施指明了方向。之后不久，科技部在总结服务2008年北京奥运会、2010年上海世博会和2010年广州亚运会做法的基础上，认真分析冬奥会的特点和需求，提出科技冬奥的初步设想，报中央领导同意。2016年11月，科技部会同国家体育总局、北京市、河北省等有关部门和地方制定了《科技冬奥（2022）行动计划》，明确在国家重点研发计划中设立"科技冬奥"重点专项，强调应用导向、场景驱动，重点围绕科学办赛、运动科技、智慧观赛、安全保障、绿色智慧综合示范5个方面部署科研任务，努力举办一届科技含量高的奥运盛会。自此，科技冬奥理念便成为冬奥会筹办工作的关键词之一，科技创新便是冬奥会筹办鲜明的底色。2018年3月23日，北京冬奥组委主席蔡奇在全面推进2022年冬奥会和冬残奥会筹办工作动员部署大会上指出，瞄准"精彩、非凡、卓越"的办赛目标，强调努力打造科技冬奥。2019年2月1日，习近平在北京看望慰问基层干部群众时强调："要突出科技、智慧、绿色、节俭特色，注重运用先进科技手段，严格落实节能环保要求，保护生态环境和文物古迹，展示中国风格。"

（二）科技冬奥理念引领科技赋能冬奥成为现实

面对我国冬季运动项目整体实力与世界水平存在较大差距的现实问题，在科技冬奥理念的引领下，按照习近平总书记对冬奥会的指示制定了"科技冬奥"重点专项的实施框架，围绕科学办赛、运动科技、智慧观赛、安全保障、绿色智慧综合示范5个方面，投入国拨经费超16亿元，共设立200余个科研攻关课题。为实现科技冬奥理念，科技管理部门通过创新体制机制，突破长期以来我国科技创新和转化领域不畅的体制机制束缚，凝聚起全社会科技创新的力量，建立起政产学研密切协同的创新模式，围绕我国冬季奥运会的关键核心技术和"卡脖子"技术开展联合攻关。经过短短5年时间的努力，攻克了一批核心关键技术，打破了多项国际技术封锁，支撑北京冬奥会和冬残奥会如期、安全、顺利举办，实现了科技办奥的愿景，并向世界呈现了一届"简约、安全、精彩"的国际冬奥盛会，兑现了向世界的承诺。

二、科技创新统筹协调工作机制和扁平化科研管理机制，是有效落实科技冬奥理念的重要保障

习近平总书记指出，"要坚持科技创新和制度创新'双轮驱动'，以问题为导向，以需求为牵引，在实践载体、制度安排、政策保障、环境营造上下功夫，在创新主体、创新基础、创新资源、创新环境等方面持续用力，强化国家战略科技力量，提升国家创新体系整体效能。"[①]2022年北京冬奥会充分践行了习近平总书记的讲话精神，创新工作机制和科研管理机制，发挥举国体制优势，高质量落实了科技冬奥理念。

（一）科技创新统筹协调推进机制，是推进科技冬奥工作"一盘棋"的基础

为加快推进《科技冬奥（2022）行动计划》，直接、准确对接需求，"科技冬奥"重点专项建立了协同推进机制，由科技部会同北京冬奥组委、国家体育总局等用户部门和北京市、河北省等属地单位，按照"共同凝练科技需求、共同设计研发任务、共同组织项目实施"的"三共同"原则，保障任务可落地、可实施、能应用。2019年，在北京冬奥组委的统筹协调下，科技部联合有关部门和地方成立了由科技部部长王志刚任组长、科技部副部长李萌任副组长的科技冬奥领导小组，为跨部门协调科技冬奥全局性工作提供组织机制保障。在科技冬奥领导小组统一组织领导下，北京市层面成立了市长牵头的科技冬奥工作

---

① 谷业凯，吴月辉，喻思南，等. 破除一切制约科技创新的思想障碍和制度藩篱[N/OL]. 人民日报，2018-06-01[2022-11-15]. https://www.cas.cn/cm/201806/t20180601_4648129.shtml.

小组，河北省成立了河北省科技冬奥领导小组；冬奥组委制定了《科技冬奥重点项目实施方案》，围绕冬奥会筹办的重点场景全面推动项目成果落地应用；国家体育总局研究提出参赛等方面的科技需求，并积极推动项目成果在国家队训练和比赛中落地应用。在各相关部门和各方力量的协同配合下，统筹各方资源和研究力量，精准部署研发任务，以创新项目实施机制为抓手，建立"项目研发和工程建设深度融合"和"揭榜挂帅"等实施机制，形成上下"一盘棋"的工作格局，保障了科技冬奥工作按时、按质、按量完成，强有力地支撑了2022年北京冬奥会的成功举办。

（二）扁平化科研管理机制，是提高科研创新效率的重要保障

在"科技冬奥"重点专项项目组织管理方面，从纵向来看，建立了以成果考核为导向的"项目—课题—子课题"三层级组织管理方式；从横向来看，每个项目至少设置3个课题，每个课题下设2个以上子课题。在扁平化科研组织管理机制下，形成项目牵头单位总体协调、各课题和子课题承担单位分级负责的责任落实机制，压实责任，保证了课题的顺利实施和高效执行。同时，在扁平化组织管理机制下，各项目团队为了保证创新效率，纷纷建立了由专家咨询组、项目指导组、总体组、项目管理办公室和课题联络组组成的项目组织架构，实行项目/课题双负责制；建立起定期汇报、重要节点专项会议、突发事件会商等多样化沟通机制，对项目实施进度、经费投入进度、成果研发进度进行检查和监督保障，及时发现问题，压实成果研发和应用进度；对于紧急疑难问题，采用"随有难题随时沟通"原则，成立专项工作小组全面支撑各任务开展。在项目执行过程中，为加快科研项目技术难题的突破进程，充分发挥专家组的组织管理作用，定期组织召开系统研发和测试的专题交流研讨会，分析项目执行过程中存在的问题，研究解决对策与措施，制定项目工期倒排表并按计划推进研发进度，保障项目顺利实施。此外，为保证科研成果的落地应用效果，各项目组对测试应用成果开展动态跟踪、做好应急预案，定期形成工作简报，确保成果与需求精准对接和项目落地应用能够顺利推进。在扁平化科研管理机制推动下，"科技冬奥"重点专项攻克了一批关键核心技术，示范了一批前沿引领技术，转化了一批绿色低碳技术，建设了一批示范工程，支撑了一届

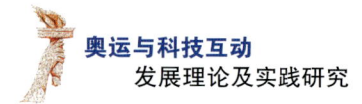

"简约、安全、精彩"的国际冬奥盛会的成功举办,兑现了向世界的承诺,也让科技冬奥成为闪耀世界的中国力量。

三、以场景需求驱动的技术创新是冬奥与科技互动发展的关键

习近平总书记指出,"要突破制约产学研相结合的体制机制瓶颈,让机构、人才、装置、资金、项目都充分活跃起来,使科技成果更快推广应用、转移转化"。科技成果转化的过程,实质上是一个科技供给与市场需求对接的过程,需求是促进产学研紧密融合的纽带。科技冬奥以冬奥场景的应用需求为牵引,促进了高校、院所、企业形成紧密的产学研创新联合体,加速了成果的研发效率和在冬奥场景的落地转化,丰富了科技应用场景,促进了冬奥与科技的良性互动发展。

(一)以场景应用为牵引,科技冬奥实现奥运史上多项技术的首次突破

为提升办赛水平,科技部、北京市、河北省针对办赛、参赛、观赛等冬奥会重大技术创新需求,分别设立了以场景应用为目的的国家级和省级"科技冬奥"重点专项工作统筹推进机制。北京冬奥组委制定了《科技冬奥重点项目实施方案》,围绕冬奥会筹办的重点场景全面推动项目成果落地应用;国家体育总局研究提出参赛等方面的科技需求,并积极推动项目成果在国家队训练和比赛中落地应用;科技部则组织企业、高校院所等科技研发力量开展科技攻关,实施靶向研发,精准发力。实践证明,以应用场景和成果落地转化为目的的"科技冬奥"重点专项创新研发组织模式效果显著。"科技冬奥"重点专项212项技术创新成果在冬奥场景中成功应用[①],不仅支撑了我国冬奥会的成功举办和取得成绩上的突破,更是推动了我国科技创新取得历史性的成就。"科技冬奥"重点专项实现了4项技术的全球首次应用技术和30余项技术的冬奥场景首次

---

① 周聪聪.科技冬奥|212项技术在北京冬奥会上落地应用[N/OL].河北日报,2022-02-17[2023-03-15]. http://hbrb.hebnews.cn/pc/paper/c/202202/17/content_122492.html.

应用，取得了 5G＋4K/8K 超高清电视转播、特大 8K 超高清地面显示系统、人工智能实时捕捉技术、二氧化碳跨临界直冷制冰技术等多项新技术、新成果的首次突破，打破了多项冬季运动项目的国际技术封锁，向世界展现了中国的技术创新成就。

（二）科技冬奥丰富了探索科技应用场景的经验

习近平总书记指出："重大科技创新成果是国之重器、国之利器。多年来，我国一直存在着科技成果向现实生产力转化不力、不顺、不畅的痼疾，其中一个重要症结就在于科技创新链条上存在着诸多体制机制关卡，创新和转化各个环节衔接不够紧密。实施创新驱动发展战略是一个系统工程。科技成果只有同国家需要、人民要求、市场需求相结合，完成从科学研究、实验开发、推广应用的三级跳，才能真正实现创新价值、实现创新驱动发展。"科技创新的目的在于应用实践，以系统思维来推进科技创新及其应用实践，以科技创新紧密联系场景需求，是加快科技成果转化的必要条件。作为高新科技集中展示平台的奥运盛会为科技创新成果的应用落地提供了令人瞩目的应用场景，加快了技术的进步。北京冬奥会、冬残奥会的举办，无疑为科技成果转化提供了千载难逢的应用场景。为切实推动科技冬奥的实施，科技冬奥领导小组大力实施《冰雪运动发展规划（2016—2025 年）》和《京津冀体育产业协同发展规划》，协调推进科技成果在各领域的转化及其场景应用，从顶层设计打破区域、部门的空间壁垒，最大限度地发挥制度优势。科技在冬奥办赛、参赛、观赛和安全示范保障的各个场景进行应用，不仅助力我国在本届冬奥会上"全项参赛"和取得成绩上的突破，而且在以科技应用为导向和以科技场景为驱动的实践层面为我国持续推动科技创新及其成果转化积累了宝贵经验。

四、开放合作和集成创新是破解冬奥技术难题的有力保障

习近平总书记在 2020 年经济社会领域专家座谈会上的讲话中强调，"新发展格局不是封闭的国内循环，而是开放的国内国际双循环。要坚持开放创新，加强国际科技交流合作"，为国际科技合作工作做出了重要部署。冬奥会一批

批技术难题的攻克，一次次国际技术封锁的打破，除了中国科技工作者锐意进取、勇攀技术高峰的科研精神外，就是以开放、合作、共享的态度，集聚全球力量进行集成创新的成果。

（一）构建产学研深度融合的科研创新联合体，提高了科研成果落地转化成效

"科技冬奥"重点专项从立项到执行，本着协同创新理念，鼓励开放合作，通过80余个项目将国内外高校院所、企业等500多家单位、超过万名科研人员统筹起来，集成应用我国相关领域多年来的科技成果开展联合创新。同时，在课题组织实施过程中，也充分体现了强化产学研合作机制的设计理念。"科技冬奥"重点专项项目在设计时就立足于场景需求，明确应用落地的考核目标和项目承担单位推动研究成果转化应用的义务，鼓励社会各方力量开展以落地应用为目的的产学研联合攻关。同时，科技冬奥领导小组成立了赛时临时工作专班，全面跟踪科技冬奥技术成果在赛时应用情况，确保各项新技术在冬奥会实际举办中用得上、用得好。在产学研合作机制的引导下，充分调动了企业积极性和主动性，使得企业在技术研发、产学研合作、成果落地等方面发挥了重要作用。事实证明，产学研深度融合的科研创新联合体，加速了创新效率，保障了科研成果在冬奥场景的落地应用效果。

（二）集成创新加快了冬奥新兴领域技术的突破和发展

"科技冬奥"重点专项加强对集成创新、融合创新的支持力度，产生了一批重要技术成果，推动了新兴技术领域发展。首先，基础研究与应用研究融通创新促进了技术的迭代升级。"科技冬奥"重点专项是以问题和应用需求为导向设立的，鼓励将基础研究和底层技术研发作为科技创新的关键突破口，开展跨学科研究。因此，65%以上的项目以用促研，开展了气象、建筑、信息、运动、环境、材料等学科的基础研究，促进了基础研究、应用基础研究和技术创新一体化部署和全链条实施，发挥了基础研究对科技创新的源头供给和引领作用，促进了技术的迭代升级发展。其次，新技术与前沿技术的跨领域融合创新

带动了新兴技术的突破。例如，围绕 5G、人工智能等新一代信息技术，以智慧观赛、食品安全、科学防疫、气象预报、绿色出行等典型应用场景为牵引，通过与生物医药、新材料、节能环保等前沿技术的集成与融合创新，不断催生出新的技术应用生态。

五、推动科技冬奥遗产的传承与利用是续写科技冬奥辉煌的重要途径

"奥运遗产"这一概念最早出现于墨尔本申办 1956 年夏奥会的报告中，旨在希望在赛后能够长期利用奥运体育中心和奥林匹克精神。此后，"奥运遗产"的概念不断演化，2003 年被正式写入《奥林匹克宪章》，再到 2014 年《奥林匹克 2020 议程》颁布，国际奥委会主席巴赫提出，申办奥运的过程应"关注可持续性和遗产"。作为践行奥林匹克运动改革新要求的重要举措，《北京 2022 年冬奥会和冬残奥会遗产战略计划》从指导思想和目标、重点任务、实施步骤和保障措施等各个方面对做好冬奥遗产工作进行了部署，并获得国际奥委会和国际残奥委会的高度认可。从申办、筹办再到顺利举办，习近平总书记 5 年 5 次考察并反复强调："办冬奥不是一锤子买卖""赛时需要和赛后利用相结合，不搞铺张奢华，不搞重复建设""我们要积极谋划、接续奋斗，管理好、运用好北京冬奥遗产"。2022 年 4 月 8 日，习近平总书记在北京冬奥会、冬残奥会总结表彰大会上再次指出："北京冬奥会、冬残奥会既有场馆设施等物质遗产，也有文化和人才遗产，这些都是宝贵财富，要充分运用好，让其成为推动发展的新动能，实现冬奥遗产利用效益最大化。"

（一）强化科技冬奥遗产传承利用是北京冬奥会的愿景

作为《奥林匹克 2020 议程》颁布后第 1 届奥运会，《北京 2022 年冬奥会和冬残奥会遗产战略计划》明确指出创造丰厚的冬奥遗产，是 2022 年北京冬奥会筹办工作的重要内容，也是成功办奥的重要标志之一。《北京 2022 年冬奥会和冬残奥会遗产报告集（2022）》从体育、经济、社会、文化、环境、

城市和区域发展7个方面阐释了北京冬奥遗产,其中科技冬奥作为经济遗产的重要部分,在场馆建设、赛事运行、疫情防控、观赛体验、绿色办奥、冬奥备战等领域留下了丰厚的遗产,智慧场馆建造技术成为北京数字孪生城市在公共建筑和居住社区的示范项目,推动了北京智慧城市建设;精准气象预报系统、冰雪场地应急救护技术、岩土构筑物灾害早期识别及自动预警系统、食品安全防伪追溯技术、抵离信息系统不仅守护了赛事运行,更为建设更加安全的韧性城市提供了先进的技术经验;场馆仿真系统、可穿戴式体温计等成功助力了冬奥疫情防控,并为后疫情时代城市大型活动的举办提供了重要的技术示范工程;机器人冬奥多场景的广泛应用、云转播技术、冰雪项目交互式多维度观赛体验技术,进一步夯实了数字经济的基础;冰雪场地设施建造技术、冰雪运动技能优化技术及装备等,成功带动3亿人参与冰雪运动,也为后奥运时期冰雪产业链的加速形成奠定了坚实的基础;清洁电力供应、氢能出行等技术成果,支撑了北京冬奥会和冬残奥会成为首个碳中和的冬奥会,也为低碳城市和零碳城市建设提供了技术方案。正如克里斯托弗·杜比所说,奥运会是一次"7+17+20"的挑战,如何传承利用好北京冬奥会在"7年+17天"的奋斗中形成的创新成果,为社会做出20年的贡献,将是北京主办城市面临的巨大挑战。

(二)实现遗产的传承和再利用,是续写科技冬奥辉煌的有效途径

科技赋能冬奥,成就了一届"简约、安全、精彩"的国际冬奥盛会的华丽落幕,更是拓展了城市创新可持续发展之路。科技遗产需要在传承利用中激发其活力和生命力,一批科技冬奥遗产已悄然走入我们的生活,已然成为北京这座"双奥之城"进行持续创新发展的动力。依托BIM(建筑信息模型)、数字孪生等智慧技术,大幅提升了城市大型公共建筑设施的运行管理效能,有力推动了北京的智慧城市建设;"数字沉浸时空仓"开始走进校园,展示奥运科技,讲述"奥运故事";以首钢为代表的科技冬奥应用场景示范园区,集聚了一批沉浸式体验项目和企业,已形成具备一定市场影响力、辐射力和竞争力的

科技产业集群；冬奥投入使用的氢燃料客车在张家口市继续投入使用，将带动我国氢能产业实现跨越式发展。北京作为 2022 年冬奥会主办城市之一，也作为世界首座"双奥之城"，"双奥遗产"的价值宝贵、内涵丰富、影响深远，在传承、利用和创新中释放其在社会、生态、科技、文化、经济和城市发展中的巨大效益，是担当"双奥之城"的责任，也是续写科技冬奥辉煌的重要途径。

第五篇

未来趋势

第九章

未来奥运科技发展趋势——互动结果视角

伴随着新一代信息技术、新材料、节能环保等重点领域新兴与前沿技术在奥运中的加速应用,奥运与科技互动频率不断加快、互动范围不断扩大、互动层次不断深入。整体来看,在奥运新理念、新需求的带动下,技术的迭代升级会不断加快、应用范围向城市发展会不断延伸,奥运对技术创新应用的带动作用会愈加凸显。而奥运在科技的加持下,将朝着更智能、更低碳、更精准、更沉浸、更安全、更包容的方向发展。

一、更智能——人机结合办赛

无论是国际奥委会在"更高、更快、更强"的奥林匹克格言中又加入了"更团结",还是《奥林匹克2020+5议程》所提出的15条改革建议,都是基于通过奥林匹克运动如何更好地服务全人类而提出的。可以看出,无论未来现代奥林匹克运动如何发展,都一直把人的发展作为自己的出发点和落脚点[①]。伴随着科学技术的飞速发展,科技已经成为现代奥林匹克运动实现"以人为本"这一核心价值的重要载体。以人为本也成为现代奥林匹克与未来科技形成价值链接的核心纽带。如何让运动员的训练更加科学、有效,如何将大量的人力从庞大、复杂的组织工作解放出来,如何让观众能够以更加沉浸的方式去感受奥林匹克盛宴,是未来奥运发展道路上必须跨越的障碍。而伴随着人工智能的飞速

---

① 徐成立. 科技时代现代奥林匹克运动的发展困境与超越[D]. 福州:福建师范大学,2009.

崛起，智能辅助训练、智能计时记分、智能传播等智能场景的出现与不断演进，使得人工智能在奥林匹克运动中应用的时代趋向性愈发清晰[①]。而未来奥运会朝着更加公正透明、更具独特性与普遍性的方向发展，人工智能必将成为不可或缺的科技元素，两者的结合度会越来越高。

作为人工智能实现的底层技术，新一代信息技术将成为未来人工智能在奥运场景应用的重要先导性技术。未来，新一代信息技术创新与奥运发展的结合将呈现以下3个特点：①数据化。数据化的核心内涵是对信息技术革命与经济社会活动交融生成的大数据的深刻认识与深层利用。在数字化社会背景下，未来奥运发展趋势必定走向全面数据化。未来竞技运动将更加强调全过程数据的收集、聚合、分析与应用，强化数据要素背后所蕴藏的运动安全、参与度、低碳环保等社会与奥运本身价值。②传感化。随着信息网络化传输的方式从互联网转向信息物理系统，这一趋势将对奥运场景下数据流动产生巨大影响。未来，末端连接运动传感器的信息物理系统将成为运动数据网络化收集、分析与传送的关键物理载体，将对传统运动训练方式产生深刻改变。以科学训练辅助为例，伴随着运动传感器向智能化、多元化、微型化、柔性可穿戴化快速发展，可实现对呼吸、血氧饱和度、心率变化等运动信号的全方位采集并最终通过大数据计算为对运动员运动损伤的预测提供重要支撑[②]。未来，基于传感器的物联网将成为奥运参与主体与奥运物理空间泛在连接的核心网络，可实现物与物、人与物之间实时的信息交换和通信，并助力背后的智能化应用。③智能化。智能化体现信息应用的层次与水平，是信息技术发展的永恒追求，实现这一追求的主要途径是发展人工智能技术。目前，人工智能已经迎来基于深度学习的第三次发展浪潮，所处的信息环境和数据基础发生了深刻变化，愈加海量化的数据、持续提升的运算力、不断优化的算法模型、多种场景的结合，将极大地推动人工智能在奥运场景下的应用。

伴随着新一代信息技术的持续快速发展，未来人工智能将在大数据智能、跨媒体智能、群体智能、人机混合智能等方向获得持续突破。未来，奥运将加

---

① 唐兴华，张庆.人工智能发展与竞技体育探讨［J］.武术研究，2020，5（8）：142-144.
② 苏炳添，李健良，徐慧华，等.科学训练辅助：柔性可穿戴传感器运动监测应用［J］.中国科学：信息科学，2022，52（1）：54-74.

速 AI 技术的迭代升级，而 AI 技术也将在奥运会场景中获得更大范围的应用。第一，数字仿真模拟技术。基于数字孪生与数字化建模等相关技术，可以实现对人、物、事的全面数字化与信息化控制及远程智能运维。未来，该技术将主要应用于奥运场馆的智慧化运营，以更具集成性、模块化与智能化的方式支撑智慧场馆的运营。第二，AR/VR 技术。从近几届奥运会来看，虚拟现实与增强现实技术越来越多地走上奥运舞台，未来必将成为进一步拉近观众与奥运场景不可或缺的关键技术。在 5G 技术的支撑下，虚拟形象、全息 AR、VR 头盔等智能观赛技术得以应用，使得多维度观赛、交互式体验等全新的观赛模式不断出现。北京冬奥会 AR 雪花、AR 吉祥物、增强现实室内定位导航等应用，再次印证了增强现实技术未来的奥运应用前景。第三，跨媒体智能技术。在人工智能技术的辅助下，文本、图像、语音、视频等信息实现融合，并以更加智能的方式呈现。8K、VR、云转播等技术同时登场，借助人工智能技术获得前所未有的转播效果。第四，智能评分技术。高速空间多维度摄像与图像捕捉技术辅以智能算法，使得部分对竞赛判别精度要求较高的项目，实现智能辅助评判。

伴随着 AI 技术的迭代升级及奥运应用场景的不断拓展，AI 驱动下的各类智能技术将对奥运会举办方式产生颠覆性的改变。人工智能的全面介入使得单纯依靠纯人力的办奥模式发生深刻改变，基于 AI 的各类智能技术将成为奥运运行保障的重要辅助工具，使得奥运将朝着智能化的方向发展。

（一）带动其他技术的深度应用

AI 技术获得广泛应用的同时，也将对其他技术在奥运中的应用产生深刻影响。首先，使传统的运动训练辅助更加科学与智能。凭借三维运动员追踪技术、传感器、深度学习等人工智能技术，可实现对运动员训练数据的自动化采集、实时监测及大样本分析，在生物力学研究与计算机系统间建立融合应用通道，从定性、定量再到定制化分析，可为运动员训练决策提供更加精准与智能化的支撑。其次，使传统奥运转播实现跨媒体智能。随着新技术的发展，奥运会对跨媒体技术的使用提出了更高的要求。在人工智能技术的辅助下，文本、图像、语音、视频等信息实现融合，并以更加智能的方式呈现。8K、VR、云转播等技术同时登场，奥运会借助人工智能技术获得前所未有的转播效果。例如，北京冬奥会开幕式所使用的"基于人工智能技术的演出实时特效系统"利用人工智能（AI）算法，仅通过4台摄像机就覆盖了全场，并让演员与现场铺设的大屏实现实时互动，达到了仅靠排练无法达成的流畅效果[①]。此外，实现大型综合场馆的智能管理。现代大型赛事场馆通常由多个独立的系统支持运行，不同系统间的信息交互成为形成统一指挥调度的最大难题。随着数字孪生与AI技术的介入，使得已有场馆无须做规模性基础设施改造就能实现功能拓展。例如，基于数字孪生技术的国家体育场（鸟巢）智能场馆管理系统的应用，实现了大型综合运动场馆基础设施管理、赛事转播、现场运维等系统的智能交互。

（二）智能应用的全场景覆盖

AI为智慧奥运赋能的另一大趋势特征是，将从以前的单个应用场景到整个奥运组织与运营全场景介入。一方面，AI应用涉及的奥运场景不断拓展。如果说东京奥运会借助AI技术大幅提升了办赛与观赛的智能化水平，那么北京冬奥会则实现了AI对基础建设、疫情防控、绿色低碳、冰雪运动、城市运行、安全保障、智慧服务等七大场景的全覆盖；另一方面，从伦敦奥运会利用电脑对场馆的灯光科学计算形成的智能化光源配置、借助传感器采集运动员某一身体部位运动数据的运动辅助系统，到索契冬奥会首次采用无人机进行赛事转播、平昌冬奥会借助5G实现超高清赛事转播与VR转播、东京奥运会的云转播，再到北京冬奥会AI技术与现场布景、演员、转播系统间的完美融合，单从观赛场景角度就可以看出，AI技术的场景嵌入已经从特定场景向通用场景下的业务全流程介入转变，而且嵌入的程度将不断加深，从以观众为主体的单向感知向运动员、裁判员、组织者等多群体交互智能与决策智能转变。

（三）人工与智能化服务的深度融合

随着人工智能、大数据、互联网等新技术的快速发展，以智能技术为核心的战略性新技术得到广泛应用，使得奥运会赛事服务方式发生巨大变化。从单

[①] 计红梅.人工智能助力冬奥会开幕式"冰雪之旅"［N/OL］.中国科学报，2022-02-05［2023-03-15］.https：//news.sciencenet.cn/htmlnews/2022/2/473603.shtm.

纯依靠人力与社会组织网络，向以人工与数字化、智能化网络相结合的方式转变。以平昌冬奥会为例，凭借5G网络的商业化应用领先优势，平昌正式拉开了奥运智能化服务的大幕，低延时自动驾驶、"5G Safety"人脸识别技术、无人机自动投递服务、"物联网街"、智能翻译等智能服务惊艳登场。如果说平昌冬奥会是智能技术的小范围展示，东京奥运会可谓是应用场景的全面覆盖。从安保"AI警察"到多种服务"机器人大军"、从智能评分"AI裁判"到"AI视觉跟踪和预测"、从场馆与奥运村之间"AI无人驾驶技术"到各场馆"AI人脸识别技术"、从信息转换"AI即时翻译技术"到各类高清晰转播技术等，都可以看出，随着智能化辅助程度的不断提升，人力将不断被解放出来。未来奥运会各类办赛服务必将朝着"人机结合"的方向发展。

二、更低碳——未来奥运走向"负碳时代"

全球气候变化作为人类共同面临的全球性问题，也将是未来奥运面临的主要挑战之一。全球气候变化会导致海平面上升，具备举办夏奥会的城市会越来越少；碳排放导致温度上升，给冬奥会举办带来巨大挑战。《奥林匹克2020议程》中提出，最迟在2030年之前实现气候友好型奥运会。针对气候变化对未来奥运的影响，国际奥委会鼓励奥运会主办国积极实施低碳策略。未来奥运将不断引入绿色低碳技术，以更加友好的方式应对气候变化对奥运带来的挑战。总体来看，基础设施、能源供给与交通出行是未来科技助力低碳奥运实现的重点领域。随着碳排放技术与绿色节能技术的快速发展，未来奥运必将与全球社会共同进入"负碳时代"。

"双碳"目标既是人类全社会的共同目标，也是奥运与科技互动发展的重要驱动力。从技术角度来看，节能环保必将成为助力奥运贯行低碳与绿色理念的主要技术手段。从全球"双碳"发展目标来看，节能环保技术与奥运的互动发展将经历3个阶段。第一阶段——借助低碳技术降低奥运能源消费。这一阶段是在2030年之前服务于碳达峰，其主要任务是降低奥运能源消耗与碳排放强度，在大规模推广清洁能源的基础上，力求实现奥运的零排放。该阶段低碳技术将主要应用于设计发电和输配电、废水废物处理、温室气体捕获储存、交通运输、基础设施建设等领域。第二阶段——可再生能源助力奥运实现碳中和。这一阶段是指在2045年之前，奥运能源供给完成从传统能源到可再生能源的转变。其主要表现为：①大面积完成电动汽车对传统燃油汽车的替代，并以CCUS（碳捕集、利用与封存）等技术为辅；②新型太阳能、风能、地热能、海洋能、生物质能、核能等零碳电力技术在奥运及奥运城市运行发展中得到广泛应用；③奥运加快带动高比例可再生能源并网、特高压输电、新型直流配电、分布式能源等先进能源互联网技术的创新研发。从实践看，一些再生能源技术已经提前登上奥运舞台。例如，2022年北京冬奥会奥运村系统利用太阳能采暖、热电连产等多种可再生能源技术，使得建筑全年耗能仅36 kW·h，是现行节能建筑耗电的1/30。此外，数字技术与低碳技术相结合，将使奥运促进低碳城市发展。例如，数字技术可以优化运输模式、降低交通运输能耗、节约运输成本。第三阶段——深度脱碳，奥运走向"负碳时代"。奥运将通过深度脱碳，参与碳汇，在2060年之前彻底实现奥运场景下碳中和目标。该阶段奥运低碳实践以CCUS（碳捕集、利用与封存）、生物质能碳捕集与封存等兼顾经济发展与环境问题的负排放技术应用为主。通过奥运带动负碳技术及相关产业的发展，助力奥运城市提前进入"负碳时代"。

目前来看，未来奥运与节能环保科技将存在以下几个方面的互动发展趋势。

（一）减排目标持续带动，加快奥运走向碳中和

为应对日益严重的气候变化危机，实现与《巴黎协定》对接，国际奥委会于2021年年初宣布计划在2030年将直接和间接温室气体排放减少45%，从2030年起，每届奥运会组委会都将签订合约实施一系列环保措施[①]。未来还将通过"奥林匹克森林"项目抵消其所有剩余温室气体排放量，抵消额度甚至将超过剩余排放。从近期几届奥运碳排放情况来看，伦敦奥运会的实际碳排放比

---

① 国际奥委会宣布到2030年将减少近一半温室气体排放[EB/OL].(2021-01-28)[2022-12-23]. http://sports.people.com.cn/n1/2021/0128/c22155-32015554.html.

预计低了 28%[①]；里约奥运会的碳排放量为 360 万 t[②]，高于伦敦奥运会；而东京奥运会将"减量化"（Reduce）、"再利用"（Reuse）和"再回收"（Recycle）的"3R"作为低碳奥运的主导理念，实际碳排放量大幅降低至 273 万 t，并采取了很多"零碳"措施[③]；北京冬奥会将修订后的温室气体排放的基准线排放量预定为 130.6 万 t CO_2 当量，并首次提出实现碳中和[④]；而 2024 年巴黎奥运会则提出将减少 50% 的办赛相关排放，并承诺实现碳中和。可以看出，近期奥运会主办国家与城市都采取减排先行的策略，使得奥运直接碳排放量呈现快速递减态势。从各奥运会城市节能减排的代表性措施来看，低碳场馆建设管理、低碳交通体系及清洁能源的使用，是未来奥运走向碳中和的最佳路径。

（二）低碳奥运加快氢能技术突破与产业发展

从全球节能环保整体发展趋势来看，在碳达峰这一阶段性目标的带动下，除降低传统能源消费强度外，大规模发展清洁能源，是最终走向碳中和的不二选择。值得注意的是，近几届奥运会承办国都将奥运会作为带动本国氢能产业跨越发展的重要契机。从产业层面看，全球普遍认为，氢能作为一种绿色能源，是低碳经济的重要发展方向。从近几届奥运会清洁能源的创新应用来看，氢能的发展势头强劲。东京奥运会主打氢能这张"绿色能源牌"，与国家实施氢能发展战略保持一致。北京冬奥会科技冬奥专项也专门设立"氢能出行关键技术研发和应用示范"项目，氢燃料电池客车整车集成与创新技术、氢能制储加关键技术及示范应用等 4 项技术装备进行了落地展示应用。法国提出在 2024 年奥运会到来之前，巴黎将全面使用氢能源出租车。从技术层面来看，一方

---

① 伦敦奥运会碳排放比预期低 28%［EB/OL］.（2013–01–18）［2022–12–23］.http：//cnemission.com/article/news/GlobalNews/201301/20130100000188.shtml.
② Rio 2016 launches the Carbon Footprint Report of the Games[EB/OL].（2014–11–03）[2022–12–23]. https://www.paralympic.org/news/rio–2016–launches–carbon–footprint–report–games.
③ 东京奥组委发布奥运开赛前可持续发展报告［R/OL］.（2020–04–30）［2022–12–23］.https://olympics.com/zh/news/tokyo–2020–olympic–and–paralympic–games–sustainability–pre–games–report–unveiled.
④ 郑金武.北京冬奥会碳排放量将全部实现中和［N/OL］.中国科学报，2022–02–05［2023–03–15］.https：//news.sciencenet.cn/htmlnews/2022/2/473601.shtm.

面，燃料电池技术是氢能产业发展的"排头兵"。日本氢能社会战略规划将推广燃料电池场景作为战略路线规划的第一阶段。日本第4次《能源基本计划》中明确提出2030年是"氢燃料电池元年"[①]。北京冬奥会也已布局了应用于燃料电池客车的70 MPa氢系统集成技术，适用于高端、长距离、环境要求严格的人员运输市场。另一方面，低成本制氢是未来氢能产业发展的必过关卡。目前，以煤制氢的"灰氢"虽然成本最为低廉，但不符合能源的可持续理念。而通过对清洁能源或可再生能源（风能、核能）以电解水的方式制氢，被称为"零碳氢气"，但成本较高。因此，降低氢能使用成本是产业发展的关键所在。未来，氢能生产、运输、应用等方面将面临很多技术问题需要突破，特别是在储能端[②]。

（三）未来奥运必将超越碳中和

未来奥运实现碳中和已是大势所趋。北京市作为全球首个双奥之城，以实现碳中和作为2022年冬奥会低碳发展的首要目标。围绕这一目标，北京从低碳能源、低碳场馆、低碳交通、北京冬奥组委率先行动4个方面提出18项措施，在能源、场馆建设运营、交通、赛事设备、物资等方面引入低碳技术，科技支撑绿色冬奥，通过多个世界第一与冬奥首次，成功兑现申办之初实现碳中和的承诺[③]。

纵观近期历届低碳奥运实践，前端减排与末端利用的双螺旋模式，已经成为低碳科技与奥运互动发展的主流趋势。放眼未来，该互动发展趋势必将助力奥运最终超越碳中和。一方面，碳补偿将成为未来低碳奥运实现的重要措施。东京奥运会通过实施"日本—东京限额交易计划"与"日本—埼玉碳排放目标交易体系"，为多达217家企业提供了约438万t经认证的超额减排信用，用于

[①] 丁曼.日本氢能战略的特征、动因与国际协调［J］.现代日本经济，2021（4）：28-41.
[②] 氢能实现规模化落地，还需突破三大难关［EB/OL］.（2021-08-31）［2023-03-17］. http://auto.china.com.cn/view/qcq/20210831/713913.shtml.
[③] 郑金武.北京冬奥会碳排放量将全部实现中和［N/OL］.中国科学报，2022-02-05［2023-03-15］. https://news.sciencenet.cn/htmlnews/2022/2/473601.shtm.

补偿奥运会二氧化碳减排目标对企业的影响①。北京冬奥会提出了林业固碳、企业自主行动、碳普惠制等碳补偿措施。2024年巴黎奥组委提出"支持气候行动计划"与"动员利益相关方"两大措施,尽可能地扩大减排范围,并通过开展保护和恢复森林和海洋项目来抵消排放②。另一方面,智能化技术将进一步提高能源利用效率。未来,在全球实现碳达峰后,智慧能源将成为实现超越碳中和的关键技术。新一代数字技术与互联网技术将更加深入地影响低碳奥运治理。例如,北京冬奥会就运用数字孪生、知识图谱、智能语音等技术,构建电力运行指挥平台;通过5G和"互联网+"等智能技术建立能源控制中心,实现绿色电力生产、输送、消费和节能的全过程实时监控;北京冬奥组委会上线了"低碳冬奥"小程序,利用数字技术记录用户日常生活中的低碳行为轨迹,鼓励和引导公众参与绿色低碳生活③。

三、更精准——基础运行与服务保障不确定性的有效应对

伴随着全球气候变化加剧、突发性公共卫生、恐怖袭击、全球经济衰退等全球性问题与事件,使得现代奥林匹克运动面临着前所未有的不确定性,如气候条件变化对赛事运行带来的不确定性、竞赛环境改变对竞赛结果把控的不确定性、突发公共事件对赛事组织的不确定性等。因此,科技如何助力奥运最大限度地消除上述不确定性,将成为未来奥运与科技互动发展的另一重要结合点。

从技术角度来看,最新前沿科技在助力奥运应对由外部环境变化引起的各类不确定性中,跨技术融合应用特征明显。其中,以下几组技术应给予重点关

---

① Tokyo 2020 goes beyond carbon neutrality and helps create a more "sustainable society" [EB/OL]. (2021-12-23)[2023-03-14]. https://olympics.com/ioc/news/tokyo-2020-goes-beyond-carbon-neutrality-and-helps-create-a-more-sustainable-society.
② 巴黎2024承诺举办有益气候发展的奥运会和残奥会[EB/OL].(2021-03-23)[2023-03-14]. https://olympics.com/zh/news/paris-2024-commits-to-staging-climate-positive-olympic-and-paralympic-games.
③ 首届零碳冬奥会,这些智能科技撑起碳中和[EB/OL].(2021-11-19)[2023-03-15]. https://zhidx.com/p/304128.html.

注：第一，智能传感+大数据分析。例如，气象预测预报方面，基于智能传感的气象监测设备配合"借助高精度数值天气预报模型""人工智能误差模型订正"等底层技术方法，实现对复杂山地的小尺度精准气象预报的"再解读""再订正"，使得预报精度大幅提升。第二，人工智能+生物识别。基于人体生物特征的人脸识别等人工智能技术在奥运安防中得以应用。未来，生物安全防控将推动生物识别准度与效率加速迭代提升。第三，物联网+节能减排+人工智能。借助物联网与数字孪生、知识图谱、智能语音等人工智能技术构成的"智慧大脑"，将更广泛地应用于智慧场馆、智慧交通、智慧能源管理等方面。第四，基因技术+人工智能。基因技术的快速发展对运动生物科学领域产生了巨大影响，伴随着人工智能技术的加持，未来基因技术在运动员身体机能评定、运动营养等诸多方面，如利用基因、遗传物质或细胞等非治疗性的"基因治疗"技术，进一步提高运动能力，尤其对运动创伤的修复、延长运动生命等都有不可估量的作用[1]。

从应用场景来看，上述技术在助力奥运进一步提升组织与运营管理的精准性方面，存在以下几个方面的互动发展趋势。

（一）赛事基础运行保障更精准

随着智能终端与传感器的快速普及，基于大数据的人工智能将使奥运赛事基础运行保障服务更强、更快、更基准。例如，精准气象服务，从索契冬奥会的"高分辨率数值预报系统"到平昌冬奥会的"智能天气服务系统"，再到北京冬奥会利用高精度数值天气预报、机器学习和深度学习等新技术研发的"睿图"系统（RMAPS），气象预报周期不断缩短、精度持续提高。相较于2018年平昌冬奥会15分钟更新一次的数据，2022年北京冬奥会的气象预报做到了每隔10分钟更新一次，而预测范围精准提升至百米级别，均达到了冬奥会赛事服务史上的最高标准[2]。北京冬奥会首次引入的二氧化碳跨临界直冷制冰技

---

[1] 谭蕾，刘小湘. 现代奥林匹克运动的科技化趋势［J］. 辽宁体育科技，2005（3）：13-14.
[2] 宋婧. 冬奥来啦！精准气象预测"算出来"［EB/OL］.（2021-11-22）［2023-06-14］. https：//xueqiu.com/7036311012/203819867.

术，将冰面温差由国际滑联要求的 1.5 ℃ 提升至 0.5 ℃，冰面混凝土平整度误差由 5 mm 降低至 3 mm[①]。另外，一个具有代表性的演进案例是计时记分技术的应用。从光感摄像计时到电子计时再到量子计时，计时的精准度已从整秒级提升至百万分之一秒。

（二）风险防控更精准

随着自然环境改变与人类社会的不断进步，奥运会在防范运动伤害、极端天气、恐怖袭击等常见风险外，还需应对舆情危机、生物安全、经济风险等一些新风险产生的不确定性。从当前来看，新一代人工智能技术的快速发展与应用，将给予这些新风险以更加精准的防控。首先，自媒体时代下信息传播风险防控更精准。从目前发展态势来看，新型自媒体毫无疑问将成为未来奥运与观众互动的主要线上平台。然而，虚假消息与有害内容也将以不同形式传播，对奥运舆情规范化治理提出巨大挑战；基于机器学习的机器记者的使用所引发的知识侵权问题也越发严重。未来，这些由技术进步带来的挑战，同样需要借助新技术打造监测、阻断与取证平台来加以应对[②]。如基于 AI 的跨媒体智能技术可实现对海量信息的毫米级识别与监控，极大提升对不实信息监控精准度等。其次，生物安全防控更精准。早在 2008 年北京奥运会开幕式就已尝试使用面部识别技术；到东京奥运会 3 秒完成安检；再到 2022 年北京冬奥会 1 秒内实现包括面部识别在内的 8 项通行检查。可以看出，生物安全防控推动生物识别准度与效率加速迭代提升，加之数字技术与智能传感技术的融合应用，使得大型公共场所生物安全防控精度不断提升。此外，运动安全保障更精准。随着 5G 进入商用阶段与 6G 初见端倪，新一代信息通信与 AI 及地面诊疗技术相结合，使得奥运医疗保障逐步实现医疗信息的互联互通、运动员损伤辅助诊疗、

---

① 北京 2022 年冬奥会和冬残奥会组织委员会，北京体育大学.北京 2022 年冬奥会和冬残奥会经济遗产报告（2022）［R］.2022.
② 新华社发布 2019 年度"人工智能时代媒体变革与发展"研究报告［EB/OL］.（2020-02-21）［2022-04-09］. http://hn.people.com.cn/n2/2020/0221/c338398-33816274.html.

空地一体化医学应急救援①。例如，北京冬奥会配备颌面创伤诊疗的智能化软件和硬件的移动诊疗车，可在5分钟内完成颌面创伤的现场影像学检查和人工智能诊断，经专业医生复核，人工智能诊断准确率达到96%以上。未来，智慧医疗必将使得运动员获得更及时、更专业与更完备的医疗救治。

（三）节能减排更精准

在节能环保技术与人工智能、物联网等新一代信息技术的融合发展下，奥运会的节能减排必将朝着更精准的方向发展。首先，碳排放管控更加精准。为了能对奥运碳排放给予更加准确的预测，各举办城市尝试应用相关技术对碳排放量进行计算。伦敦奥运会首次开发了一种新的方法计算整个赛事可能的碳排放，即称为"参考足迹"的前瞻性预测模型，并根据模型预计节省的碳排放量②。而北京冬奥会则自主设计开发了研制"冬奥碳测"平台，将冬奥碳排放相关的人—机—物—环数据监测、碳排放核算、评估和管控功能集成于一体，实现碳排放监测、计算、管控与减排谋划进行系统集成，使得减排措施的科学量化更加精准③。其次，微环境营造更精准。奥运会众多竞赛与展示通常会在较为极端的场景下进行，这就要求新技术能够对传统能源技术加以改造后，以更加精准的方式去适应不同极端或特殊环境。例如，北京冬奥会首创采用二氧化碳跨临界制冷系统进行冰面制作；采用"大气火焰和水下火焰双模态燃烧机制""燃料热管理技术"等关键技术首次实现了奥运火炬的水下传递④。最后，能源供给更精准。从全球能源技术发展趋势来看，绿色能源必将成为未来奥运的主要供给能源，而未来如何以更加有效、智能的方式使用不同类型的绿色能源，科技必将给予更大助力。伦敦在2011年推动智能电网建设，建设了一个可以控制所有比赛场馆设施的总控制中心，使得奥运会期间的能源效率比传统的供热供电

---

① 《人民冰雪·冰雪科技谈》："智慧"医疗保障新成果为冬奥会保驾护航［EB/OL］.（2022-02-21）［2023-06-16］. http：//www.zgcsb.com/news/tiYu/2022-02/21/a_353637.html.
② 张沁莹.伦敦2012年奥运会：全面开启可持续性管理［J］.WTO经济导刊，2017（8）：38-40.
③ 北京冬奥会实现碳中和，这笔账要怎么算［EB/OL］.（2022-02-20）［2023-06-16］. http：//stdaily.com/index/kejixinwen/202202/8269186ce3344f2895c03044ee3a4ca4.shtml.
④ 奥运史上首现机器人水下火炬对接［EB/OL］.（2022-02-03）［2023-06-16］.http：//bj.people.com.cn/n2/2022/0203/c14540-35121968.html.

系统要高约 30%。北京冬奥会所有场馆实现绿电 100% 覆盖同时，还利用数字孪生、知识图谱、智能语音等前沿技术，创新构建统一的监视、指挥、展示系统，在奥运史上首次实现对电力供应的全领域数字化、智能化全景监视，全面支撑冬奥会测试赛及正式比赛供电保障工作[①]。可见，未来智能能源系统犹如一个"智慧大脑"，可使能源保障服务延伸至场馆"最后一厘米"，让绿色电力供应更精准。

四、更沉浸——观赛体验将发生根本性改变

奥运文化是现代奥林匹克运动超越竞技体育的内在精神象征。现代奥林匹克自诞生 100 多年来经历了工业时代、信息化时代与人工智能时代 3 个阶段，不同阶段的奥运会向观众传递奥运文化的媒介也在发生改变，从最早的报纸、电视到现在的移动互联网，再到正处于转换阶段的 VR/AR、智能机器人。科技在大众与奥运文化链接中的作用也在不断发生变化。从过去的"延伸"到现在的"连接"，再到因人工智能的介入使得人们观看奥运的体验感与交互感大大提升，奥运文化传播很可能进入"沉浸"时代[②]。数字化与智媒体时代，大众特别是年轻群体对奥运观赛体验有了更高的需求。更加沉浸的观赛体验必将成为连接公众与奥运文化的重要桥梁。

在 5G 甚至 6G 技术的推动下，体育赛事与视觉技术、人工智能和物联网的结合，将有效增强体育赛事移动传播的在场感、交互感和信息实时互通感。未来推动奥运走向"沉浸"时代的主要关键核心技术包括：第一，交互式多维度观赛体验技术。随着 5G 技术和互联网的发展，"主动"与多维度观赛已经成为可能。在真实场景 3D 渲染、VR 试听语言设计、智能镜头跟踪、VR 终端设备等技术融合下，将突破传统固定视角的限制，实现自主式交互观赛。第二，8K+5G 技术。未来，8K+5G 超高清转播将成为奥运转播的核心技术。由 5G 云转播背包技术、

---

① 吴婷婷.北京冬奥电力运行保障"智慧大脑"上线运行[EB/OL].（2021-10-27）[2023-06-16］. https：//www.sohu.com/a/497441201_114988.
② 徐来."沉浸"与"连接"：人工智能在奥运文化传播中的技术运用与伦理探讨[J].新媒体研究，2021，7（18）：1-4，13.

8K超高清编解码器、8K超高清电视频道核心制播系统、8K视音频制作技术等构成的技术组,让超高清转播成为现实。第三,云转播技术。为了解决目前奥运赛事转播成本较高的问题,实现转播的"大众化",边缘计算低延时信号传播技术、公共云点播文件编辑制作技术和超高清云编辑制作工具等云转播技术孕育而生,从而实现奥运赛事的生产制作、上传、云端处理、分发等转播环节完全上云。第四,云端互联技术。借助5G与云端互联技术,可实现场馆声光电系统与观众移动设备的交互,营造热烈的赛场互动氛围。随着移动通信网络的不断迭代升级,越来越多的"声—光—影—端"技术将不断嵌入奥运转播,全员参与和沉浸式环境下的互动,将成为未来奥运观赛的主导模式。

总体来看,随着各类"沉浸式"技术与奥运互动发展的加快,未来奥运观赛方式将发生两大根本性转变:传播方式从依托传统媒体的单向展示向基于跨媒体融合的沉浸式互动转变;交互空间从现实场景向虚拟世界拓展。

(一)沉浸式体验将主导未来奥运观赛

媒体作为奥运与观众互动的媒介,一直是奥运科技关注的热点。媒体技术已经经历大众传播时代,并正在经历分众传播时代,而未来将很快进入以沉浸传播为典型特征的泛众传播时代[1]。该时代是指以网络和大数据为基础、以沉浸式技术为手段,打通媒介与媒介间、虚拟世界与现实世界间的边界。这一趋势已在近期奥运与科技互动实践中得到充分印证。2016年里约热内卢奥运会8K与VR技术就已崭露头角。奥运转播服务机构(OBS)与日本NHK合作在部分比赛中制作超高清信号,OBS大约提供了近130小时的8K直播信号。此外,里约热内卢奥运会首次在直播中使用了VR技术,为世界各地的观众提供除电视屏、电脑屏、手机屏之外的第四块屏——第一视角屏,体验者通过一些交互设备首次接触沉浸式交互体验[2]。随着5G网络进入商业化阶段,东京奥运会转播沉浸特征更加突出。一方面,首次采用云技术支撑全球奥运转播,

---

[1] 李沁.沉浸媒介:重新定义媒介概念的内涵和外延[J].国际新闻界,2017,39(8):115-139.
[2] 何瑾,路朝晖,史强,等.里约奥运会新技术应用及发展趋势[J].现代电视技术,2016(10):26-30.

观众可多渠道、个性化收看奥运赛事；另一方面，集成3D追踪技术、增强现实（AR）等多种智能技术，为观众营造沉浸式观赛体验。而到北京冬奥会，5G+8K高清转播技术已趋于成熟。"5G+8K"、云转播平台、智能化创编排演一体化服务平台等多项创新成果的应用，使得北京冬奥会实现奥运会历史上首次使用8K技术进行开幕式直播。此外，5G信号场馆全覆盖优势，为"自由视角""全景直播""子弹时间"等亮点技术提供强大网络支撑，"冰雪项目交互式多维度观赛体验技术与系统"可随时自由旋转、移动和缩放观赛视角，为观众提供360°范围内3D观赛体验。

（二）人工智能辅助下的交互体验更沉浸

伴随着传播技术与传播内容的融合度越来越高，奥运直播不再只是一种媒体形态，更是一种社交形式，泛在直播将具有沉浸社交功能，且娱乐性越来越强。据艾瑞咨询发布的《东京奥运用户研究报告》显示，在奥运观众希望增加的交互功能中，VR全景观看需求占虚拟交互需求的50%，AI互动娱乐也占近25%，赛事回看、短视频与社会话题交互需求旺盛[①]。互动性是泛众传播时代沉浸式体验的一大基本特征。一方面，交互方式更沉浸。奥运传统的交互方式多局限于观众采访、用户评论、网络投票等远端形式。而在5G打通高速传输通道后，奥运转播与虚拟现实、人机互动、智能物联等技术之间的交互，必将使得未来奥运体验更加沉浸，且人与媒介必将走向互为沉浸，合二为一形成"超媒介"[②]。另一方面，交互的娱乐性更强。未来奥运转播属于社交媒体时代，而社交属性下的娱乐功能越来越强。从2016年里约热内卢奥运会到2022年北京冬奥会，视频直播已经成为公众与奥运健儿互动的重要媒介。东京奥运会期间共有178位中国奥运健儿入驻抖音，发布3056条短视频，总播放量超

---

① 东京奥运会用户研究报告［R/OL］.（2021-09-05）［2022-04-09］.https://pdf.dfcfw.com/pdf/H3_AP202109051514340804_1.pdf?1630838709000.pdf.
② 李沁.沉浸媒介：重新定义媒介概念的内涵和外延［J］.国际新闻界，2017，39（8）：115-139.

过 114 亿次，运动健儿与粉丝互动超 3.84 亿次[①]。此外，智能传感设备结合人工智能干预，能够将运动员的赛场表现与观众潜在的娱乐需求精准对接，从而开发出奥运转播的衍生产品，如东京奥运会利用心脏监测器与 8K 技术实现了对射箭运动员心跳与肾上腺素变化的实时呈现。

（三）沉浸式体验将主导未来奥运媒体消费

从消费视角来看，随着互联网与新媒体技术的快速发展，奥运会的媒体消费将发生根本性的转变。新媒体视角下奥运会将会越来越多地受到年轻人的关注。而互动和沉浸式媒体的进步有望进一步拉近奥运赛场与年轻人之间的距离。相关研究显示，75% 的年轻人认为观看奥运会对自身有激励作用；25～34 岁人群成为奥运健儿粉丝的比例最高；18～24 岁年轻群体成为奥运社交媒体消费的主力军；年轻群体比成年群体对 AR/VRs 技术提供的沉浸式体验更感兴趣[②]。可以推断，虚拟现实、可穿戴设备等沉浸式技术将成为未来年轻群体与奥运互动的"第二块屏幕"。

五、更安全——前沿技术使风险防控更加积极有效

奥运会作为一项全球性的大型综合性运动赛事，未来不但要应对食品安全、反恐安全、能源安全等常规公共安全风险，还要面对因社会进步与发展而不断衍生出的新风险，主要包括：第一，生物安全风险。新冠疫情的全球持续性暴发对全球正常经济与社会活动产生了巨大影响，也对奥运会的举办带来了前所未有的挑战，东京奥运会与北京冬奥会就是奥运发展史上应对突发性公共卫生安全风险的典范。未来，生物安全或将成为奥运会安全治理的第一大风险对象。第二，网络安全风险。随着以互联网为依托的各类数字化应用在奥运中的不断深入，在为奥运会带来积极影响的同时，虚假信息、网络攻击等网络安

---

① 短视频和直播成关注奥运新方式，178 位中国代表团运动员入驻抖音受追捧［N/OL］.中国青年报，2021-08-21［2023-06-11］. https://baijiahao.baidu.com/s？id=1707783642859095685&wfr=spider&for=pc.
② The future of Olympic Games media consumption[R/OL]. [2022-05-12]. https://library.olympics.com/network/doc/SYRACUSE/167433/the-future-of-olympic-games-media-consumption-sportbusiness-group.

全问题业已提上奥运安全治理的议事日程。第三，金融安全。全球、经济一体化使得地区间金融体系相互嵌套，金融服务便利性不断增强的同时，所演化出的金融风险也不断加大。奥运会作为一项商业化程度较高的大型国际性活动，金融与网络安全交织，使得金融服务安全保障面临巨大挑战。

上述新生风险多由现代科学技术的应用所衍生，同样需要借助科技手段来加以防范化解。总体来看，人工智能、5G、区块链等前沿技术将对公共安全风险防控、应急医疗救助、食品安全保障等奥运风险防控产生更加积极、有效的影响。

（一）公共安全风险防控将走向智能化

全球竞争大变局与公共卫生事件叠加使得奥运会公共安全风险防控面临巨大挑战。为奥运公共安全防控提供更加高效、精准且更具预警性的安全保障，对加速智能监测技术的创新应用提供良机。第一，公共安全检查将更加可靠、便捷。从安全与有效性角度来看，未来奥运公共安全检查人工干预度会越来越低，取而代之的是多种智能技术集成下的智能终端设备。多维度图像融合学习、无监督识别、多模态数据深度融合风险筛查、多尺度目标智能识别等技术与辐射图像技术相结合，所构成的智能多维度图像检测系统，在有效监管的前提下将大幅提升检测与通关速度。例如，北京冬奥会借助相关技术可在1秒内同时完成8项通行检查。第二，远程无接触安全防控。为降低安全防控的人力投入与降低管理人员自身风险性，未来奥运安全防控将全面开启远程无接触局面。机器智能终端将全面取代人力。例如，北京冬奥会安全服务机器人嵌入快速通关技术，成为移动中的奥运安全"监察员"。第三，实时监测转向智能感知。当前奥运会的监测技术多数只能做到针对单一风险实时监测与应急处置，预测与预警性不足。未来，随着数字孪生、物联网与传统监测技术的融合，将助力实现公共安全要素的实时感知，并以数据驱动实现对安全风险的动态感知与智能预测。

（二）智慧医疗将全面介入奥运医疗服务保障

5G乃至下一代移动通信网络（6G）是实现万物互通互联的根本，也是智慧医疗的重要赋能技术。未来奥运场景下，5G与AI、云、医学技术叠加下，智慧医疗体系将会全面介入，奥运医疗保障将会以更加便捷、安全、智慧的方式出现。一方面，未来奥运将实现"无接触"医疗保障，借助5G网络与可穿戴设备，从赛场一端将现场诊疗的信息实时发送至应急医学智能处理系统，以远程方式实现对运动员突发症状的监测与评估，辅助现场医护人员实施救助；另一方面，以5G网络及先进的云计算和人工智能技术为核心的智慧医疗技术，必将引领医疗领域的数字化变革，成为奥运智慧医疗服务的关键保障。5G+远程医疗、5G+负压救护车、5G+远程监控、5G+人工智能、5G+红外热成像、5G+大数据分析等应用场景边界越发清晰，5G智能机器人与5G物联网加速智慧医疗应用落地，将使得奥运医疗服务更及时、救助方案更系统、救助资源投入更集约[①]。

（三）区块链将助力构筑未来奥运安全屏障

区块链技术凭借其非中心化、公开透明、不可篡改、数据共享等特点，已在奥运会多个安全保障场景中崭露头角。以食品安全防控为例，2020年东京奥运会使用了区块链技术用于食品溯源保障奥运村的食品安全，同时用于反兴奋剂工作中。到2022年北京冬奥会，区块链技术已全面应用于食品安全保障，实现对冬奥食品全流程防伪溯源。此外，区块链技术以低成本、高效率的取证、存证流程，可为由于数字与新媒体技术广泛应用下所引发的奥运知识产权纠纷提供新的解决方案。北京冬奥会制定并实施冬奥"版权守护计划"，利用人工智能、云计算对全网4660家平台上的新闻内容进行监测，还利用区块链技术对篡改的照片或文字恢复与溯源，并进行取证[②]。另外，区块链技术在奥运金融风险防范方面存在巨大应用空间。随着数字金融技术的推广与应用，数字货币与虚拟货币或将出现在奥运舞台。此次北京冬奥会已经看到了"数字人民币""非同质化代币（NFT）"的身影。而这些新金融形态的出现也为奥运带来了个人隐私安全、交易平台安全等金融衍生风险。而区块链技术作为一种"开放架构下的强安全机制"，在很多细分金融领域的应用场景已经得到广泛的

---

① 李大灿，黄敏，赵彩莲，等.新冠肺炎疫情防控中5G智慧医疗服务体系的构建[J].中华急诊医学杂志，2020（4）：503-508.
② 六部门严打冬奥版权侵权！将监测全网4660家平台+区块链取证[EB/OL].（2022-01-23）[2023-06-16].https://tech.ifeng.com/c/8D1Ik3WqLL9.

认可,其所代表的安全架构必将使得数字及衍生的金融风险点的识别与监测预警更加精准,有助于数字金融在奥运场景下的健康与持续发展①。

六、更包容——万物互联与融通让奥运分享更加广泛

现代奥林匹克在上百年的发展历程中,引导人类追求更加自由、平等、富足且可持续美好生活的精神内核始终没有改变。未来奥运必将更加开放、更具包容性,能够真正成为一个以竞技体育为载体且高度开放、通达和融洽的全球性交流平台。这一判断主要基于以下外部需求变化:首先,未来奥运为保持其活力和地位,需要与不同社会群体建立更加广泛的联系,其中年轻人与女性群体需要未来奥运给予更多关注。尼尔森公司调查结果显示,NBC电视直播2016年里约热内卢奥运会开幕式的收视率比2012年伦敦奥运会下降了35%;黄金时段奥运会赛事的电视收视率下滑了17%,其中18~49岁人群的收视率下滑25%,年轻受众的流失更严重②。此外,国际奥委会近年来大力推动的改革之一就是促进女性参与。例如,东京奥运会中女性参赛运动员比例接近49%,并首次有跨性别运动员参加奥运会③。上述行动都是现代奥运会不懈追求参与群体多样性的结果。其次,历史表明,奥运会传播媒介的变革使奥运会传播不断突破传播时空界限、跨越人群边界,从而推动了奥运的全球化发展。随着网络时代的到来,传统"封闭式"的传播系统受到基于移动互联网高度开放的自媒体系统的巨大挑战。传统"自上而下"的传播模式被近年来兴起的交互性、即时性、大众娱乐性等特征交叉下"泛在"的传播方式所逐渐取代。此外,在数字化与万物互通互联的时代背景下,奥运最高价值理念实现的承载空间将发生巨大改变,即空间从赛场、场馆、奥运村与城市等物理空间,逐步向以互联网与信息系统构筑的虚拟网络空间转移与拓展。

---

① 德勤. 区块链在金融领域的三个应用方向 [EB/OL]. [2023-06-16]. https://www2.deloitte.com/cn/zh/pages/innovation/articles/blockchain-in-financial-industry.html.
② 李静亚,谢群喜,王润斌. 媒介生态学视域下奥运会的社会化传播转向:兼论对北京2022年冬奥会传播的启示 [J]. 成都体育学院学报,2021,47(4):129-135.
③ 颜泽洋. 东京奥运会的影响及启示 [J]. 现代国际关系,2021(9):54-60,62.

可以说，数字时代的到来为奥运精神内核的实现提供了难得的划时代机遇，也将驱动奥运与未来数字技术碰撞出新的互动火花。从技术角度来看，未来有两类数字技术可能成为与奥运互动发展的关键。第一，元宇宙关键技术。随着元宇宙从概念阶段向产品与服务化阶段快速推进，未来奥运的"沉浸式"体验可能要在元宇宙的环境中加以实现。有理由相信，奥运会对仿真交互技术、人工智能、创造/互动平台、区块链、网络及运算技术等元宇宙关键技术的创新带来有力促动。第二，"无障碍"技术。如果说元宇宙能够帮助奥运现实世界与虚拟世界的完美融合，那么无障碍技术则能为更多人群参与到奥运中来，提供更加开放、包容的物理环境。未来，应用于奥运场景的无障碍技术主要指以人工智能与机器人为底层技术来解决残障人士视听、出行等基本安全障碍问题的应用型技术，如研发动力外骨骼、应用脑机接口技术的通信支持设备、可穿戴设备、多功能交互机器人等。

未来奥运在元宇宙带动与无障碍技术的助力下，奥运本身与其精神内核付诸实现的空间将发生转变，分享范围也将更加广泛。

（一）未来奥运进入元宇宙时代

未来人类很有可能进入一个虚拟时代，也就是技术对物理世界进行克隆，图像、声音等各种媒介通过升级，可以帮助所有人打造一个"虚拟的我"，并在虚拟空间泛在传播。这种虚拟技术的快速发展与更加"开放""包容""多元"的奥运理念高度契合，加之气候变化、地缘政治、生物安全等风险并行，使得奥运会相关活动进入虚拟空间成为可能。从互动发展角度来看，未来奥运必将受到更多数字化变革的影响。以媒体传播为例，如果说近期奥运已经经历一场自媒体的洗礼，那么未来奥运将迎来创意媒体时代的变革，即那些官方认可媒体借助自媒体平台，参与到奥运新闻或相关活动转播中，形成一类特别的媒体社区。这类媒体未来将成为奥运赛事与奥运文化传播媒体的主要力量，而且将呈现分布式与边缘化的趋势[1]。此外，奥运也将加快元宇宙技术创新应用。以虚拟技术为例，在奥运云上沉浸式体验需求引导下，未来的虚拟技术将不断拓

---

[1] ANDY MIAH. Sport 2.0: transforming sports for a digital world [M]. London: The MIT Press, 2017.

展，虚拟现实（VR）、增强现实（AR）、混合现实（MR）等数字技术将不断拓展延伸，在元宇宙环境下以一种更加综合的方式加以应用，通过打造人机交互的环境将真实奥运与虚拟世界相结合。北京冬奥会开幕式AI实时特效、虚拟仿真系统全方位模拟、5G沉浸式体验，就预示着未来奥运走向元宇宙的大门已经打开。

（二）未来奥运全面走向"无障碍"

让运动对残疾人更具包容性是未来奥运驱动科技进步的重要方向之一，特别是冬季运动项目。在德国奥托贝森管理研究院（WHU-Otto Beisheim School of Management）预测研究报告结论中，"未来技术及已经存在的技术将显著提高冬季运动中残疾人参与度并使更多人能够享受冬季运动"这一结论在其报告相关预测中排名第二[1]。从以往奥运科技助力无障碍发展来看，主要解决的是残障人士视听、出行等基本安全障碍问题。而随着智能化新技术的不断涌现，未来奥运科技将致力于从全方位为残障人士提供更加包容的环境。例如，日本凭借机器人领域的技术优势，研发动力外骨骼、应用脑机接口技术的通信支持设备等，为残疾人和老年人提供支持。北京冬奥会投用了六足导盲机器人充当冬残奥会"领航员"，帮助视障人士实现室内外安全引导；数字人技术首次应用于奥运会实现观赛"视听"无障碍；多交互能力机器人、可穿戴智能装备、多模态导航设备和机场无障碍综合信息服务平台，为冬残奥会机场提供服务保障；无障碍便捷智能管理平台及智能终端设备实现冬残奥村无障碍生活等。总体来看，未来科技与奥运会无障碍服务之间的互动将以更智能、更便利、更人性为根本。

---

[1] The impact of technology on the future of winter sports（in times of covid-19）[R/OL].[2022-05-12] .https://library.olympics.com/Default/doc/SYRACUSE/472520/the-impact-of-technology-on-the-future-of-winter-sports-in-times-of-covid-19-sascha-l-schmidt-et-al?_lg=en-GB.

第十章

奥运科技对经济和产业的发展带动
——产业带动视角

伴随着奥运科技的创新发展，经济效益也日益成为各城市申办奥运会的重要考量和动力，奥运经济推动举办城市、所在国家甚至全球经济发展也成为独特的经济现象。而随着奥运经济的发展，以及现代奥运与科技互动频率不断加快、互动范围不断扩大、互动层次不断深入，科技奥运已被实践证实为带动产业发展、促进经济增长的重要力量，与短期的赛事转播、赞助商支持、票务收入、特许商品销售等直接经济收益相比，给主办国家和城市带来了巨大且持久的经济增长和产业带动效应。

奥运为科技研发与应用提供了需求、物质条件和实践场景，同时形成更加鲜明的产业化发展路径，互动维度不断向产业与经济延伸。本章在对以往奥运会进行梳理的基础上，总结既往发展规律和趋势，研判近2届奥运会出现的新模式和新探索，并结合经济、产业及全球城市发展战略相关发展趋势，预期未来奥运科技对经济和产业的发展带动将呈现3个方面趋势：一是奥运理念与前沿科技产业的契合度将越来越高；二是将更加强调综合效益、功能跃升及内生驱动下的综合带动；三是互动发展的区域一体化特征将更加明显。

一、奥运理念与前沿科技产业的契合度越来越高

人文精神是奥林匹克运动发展的重要基石。[①] 国际奥委会前主席萨马兰奇曾说:"文化是奥林匹克的内在要素,如果没有反映主办国精神的文化活动,奥林匹克是不完整的。"[②] 科技发展影响和重塑着奥运理念,奥运理念亦推动着与之相契合的科技产业发展。奥运会历史悠久,长期受到全球人们的关注和热爱,其理念往往顺应人类文明发展的共同诉求,具有全球性。因而,能够契合奥运理念的科技产业往往就是世界各国争相占领的关键产业。

在经济全球化进程中,国家和城市的产业链、价值链及既有关系格局持续裂解重构。全球竞争发展背景下,未来奥运主办城市将越加重视奥运理念与新兴前沿、关键技术、高附加值核心技术的契合,借助奥运会"四两拨千斤"的国际网络链接潜力,以奥运理念为牵引积极构建跨国联系,借势切入和占领全球前沿科技、产业高地。

例如,2018年平昌冬奥会提出了"激情同在(Passion Connected)"的愿景。以该愿景为契机,韩国在获得平昌冬奥会举办权时就提出将利用ICT(信息通信技术)、5G技术打造"ICT奥运",并制定了"5G+战略""5G智能工厂战略",护航韩国信息技术产业的可持续发展。平昌奥运会后,韩国根据ICT技术在冬奥会的应用经验,迅速完成频率拍卖、基站认证事项,率先实现5G商用化,为韩国赢得了巨大的经济效益。截至2019年6月,全球5G用户数量达213万户,其中韩国165万户,占全球用户总数的77.5%。韩国以平昌冬奥会愿景为契机,快速提升了韩国信息技术产业实力,并成功助力韩国信息技术产业在国际上占有竞争地位。

结合奥运理念和科技发展趋势,未来奥运理念促进科技产业发展将主要表现在以下3个方面:

一是分享理念促进新一代信息技术产业发展。新一代信息技术在奥运会中

[①] 曹卫东,李鉴,徐雁冰,等."建党百年与中国特色社会主义体育发展道路"笔谈[J].上海体育学院学报,2021,45(6):1-34.
[②] 徐来."沉浸"与"连接":人工智能在奥运文化传播中的技术运用与伦理探讨[J].新媒体研究,2021,7(18):1-4,13.

的应用有利于营造良好的数字化奥运环境，满足全球人类信息交流与资源共享的共同诉求。例如，虚拟现实、全息投影、超高速追踪等技术能够提升直播体验和信息服务能力，展现奥运会的风采和魅力。相关前沿技术在准备和举办奥运会期间的研发和应用不仅加速了技术的早期应用和商业化，还能在后奥运时代提升智慧城市、数字经济和数字基础设施建设，从更广泛和深远的意义上为城市产业升级赋能。

二是绿色低碳理念促进新能源产业发展。奥运是全球可持续发展事业的引领者，绿色低碳多年来始终是奥运会的核心理念。未来奥运会举办方将延续绿色低碳、碳中和、可持续发展等奥运愿景，加强环境治理和污染防控，促进自身生产方式的绿色革新，推动新能源与节能环保产业升级。此外，绿色低碳的奥运愿景作为价值传递的载体，还有利于提升民众的环保理念和简约生活理念，推进本地生产方式和生活方式的绿色转型，为经济发展的长期可持续性赋能。例如，伦敦奥组委向国际奥委会承诺的节能环保理念，上升为英国面向世界的承诺，在英国社会掀起了"节能环保""低碳生活"的新风潮，不仅为英国相关产业发展提供了巨大空间，更涌现出诸如"贝丁顿零碳社区"等，在绿色低碳方面已成为世界标杆[①]。

三是公平公正理念促进光电和人工智能产业发展。奥运会始终秉持竞技运动的公开、公平、公正原则。光电和人工智能技术在奥运赛事中的应用，能够弥补裁判的主观偏见、感知误差等问题，从而为维护客观、公平、公正的竞技规则和秩序保驾护航，同时也促进了相关产业的发展。

二、科技奥运对产业及经济的带动更加综合和内生

从带动方式来看，未来奥运与科技的互动发展对产业和经济的影响将在现有基础上，更强调对经济和产业多元化内生动力的影响，提升城市综合发展禀赋和产业发展潜力。

---

① 周璐.借奥运东风 英国节能环保产业主打"绿色战略"[J].能源研究与利用，2012（4）：10-11.

（一）对城市的更新重建更加强调科技引领下的综合效益和功能跃升

从以往案例来看，举办城市往往以增加供给、提升形象为目标进行城市重建，同时达到促进生产和产业升级、提振经济的目的。奥运会期间，举办城市往往是全球货币、人员、信息等各类要素流动的重要节点城市，需要借助物质条件和人力资源实现资源流动，如基础设施、建筑、机场等。1992年巴塞罗那奥运会，西班牙不仅通过建立奥运村打通了城市与滨海的连接通道，还针对码头、机场、传统工业区、电信服务网络等进行基础设施改造升级，大量的城市基础设施建设在奥运会结束后仍广泛使用，并持续地促进巴塞罗那的经济发展，在后奥运时代助力巴塞罗那从传统工业城市转变为以旅游、电子、通信、航运等为支柱产业的国际化大都市。2018年平昌冬奥会，韩国修建并开通了连接首尔至江原道的首尔襄阳高速公路、第二岭东高速公路等道路，并在奥运会后一年持续打造并完成了奥运会文化综合特区和绿色商务区建设。2020年东京奥运会，日本对东京新宿、涩谷、虎之门、品川、大丸有、湾岸等23个区制订了重建计划，涉及基础设施建设投资、城市中心的再开发、旅游及商业设施的重建等。筹办奥运会时期，日本对东京城市建设倾注了举国之力，不仅促进了相关产业的发展，还体现了日本共生社会的建设成效，使东京的智慧城市建设进程大幅加快。[1]

根据既往规律及全球城市发展趋势来看，未来奥运与科技互动发展对城市的更新重建更强调科技引领下的综合效益和功能跃升，具体表现为：

一是在人本、科学与文化理念下，将在以物质和空间更新重建为主、效率优先的"经济型"改造基础上，强调以人为本、社区发展、可持续发展的"社会型"更新转变。奥运场馆、园区建设、基础设施等重塑城市风貌、优化空间结构的同时，作为城市基建、人文和创新的"存储器"，带来经济、社会和生态效益。

二是运用新技术改造城市基础设施及其配套设施，提升智能化、智慧化程度，促进关键系统的和谐高效运行，经济社会的和谐发展，为城市的资源配置、要素流动等高端功能提供基础条件。

---

[1] 施锦芳，吴学艳. 日本2020年东京奥运会的经济动机、经济活动及经济效应［J］. 现代日本经济，2019，38（6）：13-29.

三是推动科技创新功能跃升、数字经济发展、城市创新创业环境优化,以及智慧城市建设等。例如,在城市更新中运用人工智能、新能源、云计算、区块链、物联网、虚拟现实、数字孪生等科技手段,满足城市规划、环境保护、建筑更新、产业节能、交通有序、设施完备、能源高效等多方面需求,引领智慧城市、城市空间规划、产业转型升级、服务模式创新、节能环保与可持续发展等。

(二)对产业和经济的带动以直接促进为基础,越发多元和内生

从既往历程来看,产业转型发展和升级既是申办奥运会的重要驱动力,同时也更能受到科技奥运的刺激与反促进作用。科技与奥运对产业和经济具有直接的、以物质和项目为基础的带动作用,主要体现在:

一方面,从大型体育场馆建设、比赛器械设备、穿戴设备、训练辅助等物质基础,到赛事组织运行、媒体转播、观众互动,再到安全保障,奥运会运行的方方面面都需要科技手段的支撑和保障,涉及人工智能、生物科学、材料科学、物联网、大数据等多领域科技应用,又在实践应用中推动相关产业的发展。例如,日本将2020年东京奥运会的举办与国家战略相结合,提出了9个方向的攻关项目,涉及无人驾驶、机器人、AI智能脸部识别、即时翻译技术等,其在东京奥运会期间应用的4K/8K播放、松下"高速投影追踪系统"、NTT的3D全息投影转播技术、智能面部识别系统、丰田FSR(取物)机器人、健康监测智能手表[1]、手机翻译程序、体操比赛AI智能评分系统等多类人工智能技术,都直接促进了日本相关科技产业的发展。

另一方面,凭借筹办奥运会期间集聚的举国资源和全球关注,聚焦发展的科技产业能够借助奥运契机在全球竞争中获得关注和优势,有利于优势产业培育和产业结构跃升。例如,韩国在申办平昌冬奥会之前是典型的外贸出口国,在信息与通信技术(ICT)领域的发展难以超越科技强国,迫切需要发展机遇。在此背景下,韩国以平昌冬奥会为契机,提出利用ICT、5G技术打造"ICT奥

---

[1] MUNIZ-PARDOS B, ANGELOUDIS K, GUPPY F M, et al. Wearable and telemedicine innovations for Olympic events and elite sport [J]. J Sports Med Phys Fitness 2021(61): 1061-1072.

运",在筹办和举办奥运会的整个过程中,聚焦ICT领域促进技术研发、产业化、国际合作与外贸出口。平昌奥运会后,韩国根据ICT技术在冬奥会的应用经验,迅速完成频率拍卖、基站认证事项,率先实现5G商用化并赢得了巨大的经济效益。

科技奥运引领的城市更新覆盖交通网络、通信网络、科技金融、城市面貌、生态环境等多个方面,不仅能够带动相关产业发展,还能提升城市综合发展禀赋,已在近几届奥运会中有所体现,尤其是对智慧城市建设的促进。例如,在申奥之前,巴西里约热内卢拥有世界上最大的贫民窟和严重的社会犯罪问题。[1]为筹办奥运会开展了多项数字基础设施和服务建设,智慧城市运营成果因2016年里约热内卢奥运会的成功举办获得国际称赞,同时刺激了城市基础设施和商业投资的发展。

未来奥运与科技互动对产业和经济的带动在直接促进的基础上,将越发多元和内生,具体表现为:

一是更强调内生发展动力。奥运与科技互动发展对产业和经济的带动将提升内生动力,除了引聚企业、资本、人力资源等产业要素外,还将提升本土居民的文化自信和凝聚力;将科技、人文、绿色等理念嵌入本地文化;丰富本地教育、居住、卫生和休闲等多元功能;提升国际化网络连接能力等。将从长期上提升社会和文化包容性、承载力与人口素质等软实力,更贴合高精尖企业和多元高端人才需求,促进底部经济活动之间的联系与互动,增强城市人气与活力,促进创新活动跨界开源化、参与主体大众化、组织方式网络化。这些都为产业转型升级增加能量,强健经济活力、效率和韧性,为经济增长提供内生动力。例如,2022年北京冬奥会对全民热爱冰雪运动的人文影响有利于提升劳动力身体素质,形成经济内生发展动力;首钢工业园区在维持传统工业园区历史风貌的基础上,蕴含科技、商业与人文特点,具有园区、社区、街区有机融合的"产城融合"的复合功能,为企业、组织、当地居民、国内外游客创造互动的城市社会网络空间,能够创新城区要素构成与互动联系,是科技奥运提升内

---

[1] 屠启宇.国际城市蓝皮书:国际城市发展报告(2018)[M].北京:社会科学文献出版社,2018:231-238.

生动力的有益探索。

二是多维度提升产业综合禀赋和经济发展潜力。奥运与科技互动发展对产业和经济的带动将在以往"以技术研发项目"促进产业形态转型升级的基础上，强调对产业所需基础设施、数字环境、国际连接能力的带动作用，从而提升产业发展和经济增长的综合禀赋和动态适配性。

三是参与主体更加多元。奥运与科技互动发展将不局限于以政府为主导，以政府投资、项目和政策为主，而是更广泛地集聚政府、私有部门和社会组织运用科技政策、科学技术、科技人才等力量多维度、综合增强产业和经济活力。例如，2022年北京冬奥会邀请近200家企业共同参与研发，使得新场景示范成为加速新技术应用的重要手段。

三、奥运与科技互动发展的影响向区域一体化延伸

以往经验表明，科技奥运能够发挥全球性的要素集聚作用，引聚大型跨国公司，吸纳国际资本、技术、人才等创新要素，同时是产业向外辐射输出的招牌，有力拓展产业和经济的流动空间和影响范围，成为本土企业和机构全球布局的重要机遇。此外，主办国通过奥组委易于推动国际合作协议的签署，签订协议的各方都能借助奥运提升口碑，因而更容易获得重要国际组织、国际科技巨头的青睐。对于主办国而言，不仅能够提升本土企业的口碑，更能拓宽国际合作网络，并通过合作引进和吸收国际前沿技术，占领产业技术高地。

例如，英特尔与日本通信服务提供商NTT DOCOMO就为东京奥运会部署5G技术开展合作，为东京奥运会提供全球最大的商用5G网络，并为智能网联汽车、智慧城市传感器、360°视角的奥运赛事8K视频流转播提供技术支撑。[①] 韩国借助奥运契机，聚焦ICT领域积极开展了大量国际合作，包括但不限于：在韩国政府的推动下，韩国奥组委与国际电信联盟、韩国三大电信运营商及三星等韩国代表性企业签署了《智能型网络构建战略》；与英国5G创新网络

---

① 郭伟，梅林薰，曾根纯也. 2020年东京奥运会对日本经济效益提升的背景与前瞻研究［J］.北京体育大学学报，2020，43（4）：40-50.

（Innovation Network）签订合作谅解备忘录，加强5G研究与扩散合作①；韩国科学和信息通讯技术部、韩国信息化振兴院与巴西科学技术创新通讯部、巴西国家通信研究所合作5G与物联网项目②；签订中、日、韩东北亚三国第四次产业革命共同应对合作业务协议，就降低国际漫游费用、促进5G早期商用化、2022年北京冬奥会ICT相关领域开展合作③；与瑞典就5G融合服务开展合作，引导全球5G生态界建设，积极推进ICT领域包容性创新增长④；韩国与欧洲就5G和AI开展联合研究课题⑤。

未来奥运与科技互动发展的空间载体将由单个城市转向区域一体化，从而更强调广域的、系统化的、有机融合的产业协同发展能力。既往奥运与科技互动发展的空间主要表现为城市自身在全球城市网络体系中，借助奥运这一全球化活动和平台，增强与国际其他主体、要素连接的频次、能力和范围，主要强调城市自身在全球网络中的国际连通性。未来奥运与科技互动发展的空间将扩展到不同举办地（尤其是区域上紧密联系的城市间）整体的产业协同发展大平台，举办合力形成广域的有机产业链，在全球网络中共生共荣，承载更多的高端产业及高能级功能，获得高价值集成。除了赛事举办城市本身的产业升级外，更注重区域内产业的系统化、有机融合和协同发展。例如，2022年北京冬奥会提出"京张区域经济协同发展"，建成了"区域能源系统"，对区域一体化的奥运与科技互动发展进行了初步探索。

此外，科技奥运推动产业链条辐射全球的同时，举办国家和城市强调输出

---

① 韩英ICT合作举办地平昌冬奥会［EB/OL］.［2018-02-21］. https：//www.msit.go.kr/bbs/view.do?sCode=user&mId=113&mPid=112&bbsSeqNo=94&nttSeqNo=1375369.
② 5G，I-KOREA 4.0的核心技术，传播到世界另一端的巴西［EB/OL］.［2018-04-05］. https：//www.msit.go.kr/bbs/view.do?sCode=user&mId=113&mPid=112&bbsSeqNo=94&nttSeqNo=1378957.
③ 韩国、日本和中国同意在5G移动通信商业化、ICT奥运会、降低漫游费等方面开展合作［EB/OL］.［2018-05-29］. https：//www.msit.go.kr/bbs/view.do?sCode=user&mId=113&mPid=112&bbsSeqNo=94&nttSeqNo=1383640.
④ 韩国与瑞典加强5G融合服务等信息通信技术（ICT）合作［EB/OL］.［2018-06-17］. https：//www.msit.go.kr/bbs/view.do?sCode=user&mId=113&mPid=112&bbsSeqNo=94&nttSeqNo=2042404.
⑤ 2019韩欧联合研究会议召开［EB/OL］.［2018-11-26］.https：//www.msit.go.kr/bbs/view.do?sCode=user&mId=113&mPid=112&bbsSeqNo=94&nttSeqNo=2337261.

自身的管理模式和品牌,加强城市本身的全球链接,塑造自身的国际网络。例如,日本东京发布《东京都面向2020年的措施——着眼于奥运会之后的遗产》,提出以"成熟的文化都市"作为东京城市规划和定位的指导思想,日本政府在美国、法国,以及东南亚等国家和地区开展"东京艺术节"等奥运文化活动①,持续提升东京成熟的都市形象。

---

① 胡建秋,雷晓艳.日本国家形象战略传播对2022年北京冬奥会的经验与启示[J].山东体育学院学报,2020,36(3):6-13.

第十一章
未来奥运与科技互动发展的实现思考
——组织与管理视角

组织与管理能力是指为了实现目标，运用各种方法，把各种力量合理地组织和有效地协调起来的能力。相同投入下，更强的组织与管理能力可以更加高效高质地将各种要素投入转化为产品或服务。因此，随着科学研究复杂程度的加深、利益相关者更加多元，加速奥运与科技互动发展，也必然要求赛事组织者、体育产业管理者具有更加完备的组织与管理能力。

按照"三明治模型"，组织和管理能力自下而上可以分为3个层次[①]：第一层是组织和管理能力的基础是组织价值文化，是将组织为共同目标凝聚在一起的黏合剂；第二层是组织规则层，是组织开展工作的规则与办法，是组织为实现目标的规则共识；第三层是组织知识层，是组织为实现目标，加速实践，累积经验，获取知识的活动。由此，本研究认为，从组织和管理视角来看，需要从加深可持续发展管理理念的价值观维度、增强研发协同管理能力等规则的手段维度，以及加强产业关联程度提升获取知识能力的实践维度出发，才能在未来加速奥运与科技互动融合。

---

① 穆胜.互联网时代人力资源管理不变的底层逻辑［EB/OL］.［2022-07-07］.http：//finance.youth.cn/finance_cyxfrdjj/202008/t20200812_12448106.htm.

一、可持续发展管理理念更加深度融入赛事组织本身

奥林匹克价值观决定了奥运会不只是一个单纯的体育赛事，它代表的一系列价值观激励着选手及普罗大众。当今，低碳、绿色、可持续发展的价值观理念已经成为全人类发展的共同理念。而影响这一理念的全球变暖、沙漠化、能源和粮食安全等问题本身又都是科技问题，必须依靠科技发展才能逐步得到解决。因此，科技赋能建设可持续发展的未来已经成为全球共识。

正是由于科技创新是促进可持续发展的重要手段，因此，以奥运带动可持续发展价值观的普及，并使之相互促进，必然要求奥运赛事的管理与组织时刻坚持可持续发展的理念，并且使用科技创新手段为可持续发展的价值观理念树立样板。2012年伦敦奥运会明确了大型活动可持续性管理体系，之后的历届奥运会都需要通过该体系认证。2020年3月，国际奥委会正式做出了其从碳中和组织（Carbon Neutral）向气候正效能型组织（Climate Positive）转型的决定[①]；在此基础上，2021年10月，国际奥委会再次发出了到2030年其温室气体排放量（直接与间接）减少50%的承诺，包括其总部大楼——奥运之家（Olympic House）都将打造成全球可持续建筑的代表。在气候变暖的大背景下，加之新冠疫情的叠加效果，树立可持续发展的组织榜样目前已经成为国际奥委会的重要目标之一，正如国际奥委会可持续性与遗产委员会主席阿尔贝二世（HSH Prince Albert II of Monaco）所言，"新冠疫情催生了人们对可持续生活、工作及娱乐方式的理性需求"，而在这一背景下，国际奥委会在可持续发展方面的榜样作用无疑将对未来国际组织可持续建设提供重要的示范与参考。[②] 目前，国际奥委会将可持续性列为《奥林匹克2020议程》（简称《议程》）3个基础主题之一，要求将可持续性融入奥运会举办的所有方面。

北京冬奥会的管理与组织在这方面已经取得了较大进展，形成了北京冬奥会特色的可持续性管理体系。2020年5月，作为指导可持续性工作的纲领性文件——《北京2022年冬奥会和冬残奥会可持续性计划》发布，该计划贯穿北

---

① 邱雪. 可持续背景下奥林匹克运动的现状特征与路径选择［EB/OL］.［2022-07-07］. https：//www.sport.gov.cn/n20001280/n20745751/c24134941/content.html.

② 同①.

京冬奥会赛事筹办全过程，覆盖北京冬奥组委全部57个业务领域。以可持续性采购工作为例，北京冬奥组委成立了专门的采购小组，并对工程项目、购买服务等方面进行策划，确保产品的来源、生产、储存、运输、销售等过程均符合绿色低碳标准。赛后利用方面，实现"可持续、可利用、可收益"；又如，国家速滑馆、首都体育馆等4个冰上场馆使用高性能自然围护结构优化设计、建筑自然通风与采光优化、空腔降温技术、室外广场海绵化、高性能节水器具等最新绿色技术，仅二氧化碳跨临界直冷制冰技术一年可节省约200万 kW·h 电，节能约20%，碳排放趋近于零。

未来奥运赛事的组织和管理也应当进一步发挥在可持续性方面的榜样作用，将可持续发展管理体系融入从申办、筹备到结束的整个生命周期，使自己成为利用科技推广可持续价值理念的一面旗帜。

未来，可持续发展管理理念将更加深度融入奥运组织管理的方方面面，并主要表现为以下方面。

（一）注重组织中无形资产的作用

后奥运时代，可持续性仍将带来有形资产和无形资产。有形资产如场馆建筑、交通、水、电、通信等基础设施，新能源汽车、绿色电力等技术推广，这些将在赛后持续发挥作用。在无形资产方面，奥运赛事组委会的工作人员、场馆业主、合同商、供应商、赞助商、志愿者等大量人员参与到可持续性工作之中，广大民众也深化了对绿色、低碳、可持续性理念的理解和认同，这种影响将是长远且深层次的。未来赛事主办方将大型活动可持续性管理体系、环境管理体系、社会责任指南、技术标准体系等相互整合，全面梳理可持续性相关议题，加之科学普及、开放创新深入人心，因此，在开放创新的基础上将逐渐建立形成"策划—实施—检查—改进"管理制度。而这种管理制度，将伴随奥运赛事组委会的工作人员、场馆业主、合同商、供应商、赞助商、志愿者对社会产生具体影响。

（二）以更加多元和包容推动普及

为了保证奥林匹克运动在未来繁荣不息，奥运会必将积极推动自身各项运动的普及，并向着更加多元和更加包容的方向发展，从而更贴近年轻一代，也让所有人都能方便参与。这就需要明确在奥运会上展示什么运动项目、如何吸引消费者，以及如何发展和组织赛事。利用新兴技术来触及最广泛的受众是国际奥委会的主要手段。国际奥委会目前已经认可电子竞技带来的"虚拟体育"对传统体育项目的推广作用，并且鼓励国际单项体育联合会开发所管辖运动项目的虚拟版本作为新的比赛分项，以拓展参与的人群。2021年4月，国际奥委会在东京奥运会之前举行奥林匹克虚拟系列赛，比赛包括虚拟的棒球、自行车、赛艇、帆船及F1赛车等项目。

此外，国际奥委会还提出了"Phygital"概念，其主要是指身体和数字技术的组合，如运动员头戴虚拟现实设备完成体育项目。国际奥委会还在考虑未来将奥运赛事与仪式搬到体育馆之外的都市和流行的背景中去进行，通过增加"Phygital"体验触及更多大众。

（三）加强与其他国际性组织的合作

科学技术具有世界性、时代性，国际科技合作是大趋势。新冠疫情更加说明，没有一个国家可以成为独立的创新中心或独享创新成果。国际组织是由众多国家组成的国家间的组织，是近代出现的跨国性组织，可以通过充分发挥组织内各成员作用，协调各领域资源，制定专业领域行业标准，以促进各成员国与成员国之间的交流与合作，实现推进与解决全球共同面临的重大课题[①]。因此，国际组织在加速全球科技发展中具有重要作用。未来，加速奥运与科技的互动发展也就必然要求奥运赛事的组织者与相关国际组织加强合作。例如，当前国际奥委会通过介绍奥林匹克运动计划，促进人们对奥运会项目的参与。在执行过程中，国际奥委会便积极与世界卫生组织合作，来推广宣传体育运动对身心健康带来的益处，以此推动健康积极的生活方式。

---

① 刘伊铎.关于国际科技组织议题设置的几点思考［J］.今日科苑，2021（4）：30-36.

二、增强研发协同管理能力

由于当代科学技术的复杂化、综合化及各学科领域日益广泛的相互渗透和影响，科技创新尤其是具有综合影响的重大科技创新往往需要多个研发主体的共同努力和协作才能完成。同时，由于社会分工日益精细化，一项科技创新往往需要多个主体的持续研发最终才能进入生产环节，成为满足社会不同需要的商品[①]。此外，科技创新的日益复杂化也使得科技创新的研发经费投入和创新研发风险大大增加，这就使得一些具有创新研发能力的创新主体（小型的研发机构、大学的研究室、一些具有潜在创新能力的小微型企业等）必须与其他相关主体进行合作，才可能开展创新研发。正是由于这些原因，20 世纪中期以后，科技创新日益呈现出多主体共同协作的特征，许多重要的科技创新都是进行协作创新的结果。诸如 GPS 系统、心脏起搏器、核磁共振成像技术、智能机器人等，均是多主体协作研发的结果。

同时，奥运的利益相关方众多。奥林匹克运动是在国际奥委会的领导下，由大量国际、国家级体育组织和赛事组织方组成的复杂体系。之所以说它复杂，是因为这里面牵扯到许多不同的利益相关方，如国际单项体育联合会、国家级单项体育联合会、国家奥委会、综合性体育组织、奥组委、企业赞助商、转播商和各个级别的竞赛、赛事。因此，未来奥运与科技的互动发展必将是在基于更加广阔的合作基础之上完成的。

针对办赛、参赛、观赛等重大科技需求，科技部为北京冬奥会组织实施了"科技冬奥"重点专项，国拨经费接近 13 亿元，取得落地应用成果 182 项，北京市、河北省也组织本地科技力量，设立省级"科技冬奥"专项，分别取得落地成果 75 项和 46 项，与国家项目相互补充。攻克了一批关键核心技术，示范了一批前沿引领技术，转化了一批绿色低碳技术，建设了包括冬奥智能网联车示范、冬奥氢燃料电池车示范、冬奥云转播与体育新消费示范、冬奥超高清 5G+8K 示范、冬奥 App 示范、冬奥智能场馆示范等一批科技冬奥示范工程。

---

① 刘高岑. 当代科技创新的研发形式和特征 [EB/OL]. [2022-07-07]. https://news.sciencenet.cn/sbhtmlnews/2012/10/264692.shtm.

围绕场馆、运行、指挥、安保、医疗、气象、交通、转播、观赛等关键场景，500多家单位、超过万名科研人员参与研发了200多项技术成果，为北京冬奥会高质量办赛和高水平参赛提供了有力支撑。

未来，这种科技协同范围将更加广阔，对于赛事主办方的管理组织要求也随之更高，并主要表现在以下方面。

（一）科技研发管理水平要求更高

首先，由于技术日趋复杂，往往需要多国多机构之间进行创新研发的深度合作才可能研发成功，导致科技研发组织协同范围更加广阔，并可能呈现出一国主导、多国参与的若干国家间的合作研发。因此，需要更高的从研发到使用的科研全流程管理水平。对于奥运赛事组织方而言，更加需要专职化、专业化、规模化、国际化科研全流程管理支撑机构、支撑队伍。

此外，由于大型跨国公司具备这种国际资源要素的跨国调配能力，逐渐成为推动世界经济发展的重要力量。其主导的国际合作型创新研发形式也逐渐兴起。因此，以国际化企业主导的国际合作研发可能是未来奥运科技组织实施的重要趋势。

（二）科技研发组织模式更加多样

科研组织模式作为一种多层次、多要素的复杂系统，在科研工作中起着非常重要的协调、组织作用。先进的科研组织模式，能够有效整合和利用各种科研资源，激发科研主体的创新活力，提高科学技术研究的整体效益。在联合科研的组织模式创新过程中，必须根据不同的科研创新的目标、任务和特点，针对不同的联合科研的主体和要素，探索和选择恰当的组织模式[①]。未来无论是任务牵引下的大兵团作战组织模式、龙头带动下的集群化科研攻关组织模式、专业引领下的网络化协同组织模式，还是以课题组为单位的传统科研组织模式，或是围绕某项具体研究任务，打破壁垒，成立跨部门、跨机构的"矩阵式"研究组织模式，都要有利于科研目标统合、有利于科研优势互补、有利于

---

① 吴月辉. 积极创新科研组织模式[N]. 人民日报，2021-09-27（019）.

科研行动同步、有利于科研成果共享、有利于创新体系构建及有利于科研资源整合。

北京冬奥会期间，北京奥委会通过采用"揭榜挂帅""赛马"等项目组织模式，使任务目标更聚焦、创新主体作用发挥更充分、管理评价更科学。例如，针对火炬研发这一关键核心技术，采用"揭榜挂帅"机制，实现项目研发与用户单位的精准对接，确保所研即所需。服务型智能机器人应用课题综合采用"揭榜挂帅"和"赛马"两种组织形式，就赛时机器人应用需求"张榜"，研发团队"揭榜"后，再采取"赛马"模式，通过"测评—改进—再测评"，持续提升机器人技术指标，最终评选出技术先进、满足赛事需要的机器人投入赛时服务。

三、与产业联系更加长期和紧密

奥运会虽然每 4 年举办 1 次，但体育与科技的互动发展却无时无刻不在进行着。一些在奥运会使用的新技术往往在之前的体育赛事中就已经有了相应的应用雏形，在奥运会之后可以迅速推广使用。北京冬奥会上应用的新型冰雪装备、石墨烯等新型保暖材料，沉浸式、多维度自由视角等智能交互体验技术，迅速带动举办城市冰雪产业发展，加速了技术、文化、旅游、体育融合发展，使冰雪运动成为北京消费的新时尚。可见，体育产业的发展是加速奥运与科技互动发展的重要力量。因此，未来加速奥运与科技相互发展，必然不能"只盯着"奥运会本身。当前，国际奥委会就有意通过建立奥运会预选赛（一般为单项体育组织举办的比赛）与奥运会品牌之间的联系，扩大自己的影响力，努力帮助奥运会长期保持存在感。所以，未来整个体育产业的发展程度是奥运与科技融合的关键，未来奥运赛事组织者也将会更加紧密地联系体育产业中的关键要素。当前，体育产业中的关键要素主要包括以下两个方面。

（一）新业态加速科技与体育互动融合

体育产业化的本质是与其他产业的融合发展。在互联网 + 体育的驱动下，围绕人们日益增长的各种体育消费需求，体育与教育、文化、旅游、医疗、信息等产业的互动发展进一步加深，衍生出许多创新产品业态。例如，当前体育＋医疗创造运动医疗行业新模式，各地建立起众多运动医学康复中心、运动康复工作室；体育＋教育培训衍生出大量体育培训机构，目前体育培训行业占整个体育行业的比重大致为20%，整体市场规模超过1万亿元[①]。而且依托广阔的资金和市场，体育创客不断涌现，聚焦体育领域的产业孵化平台、众创空间逐渐兴起，如融侨体育众创空间、"智未来"智慧体育众创空间等，从而带动体育科技、应用技术集群式发展。

（二）产业组织创新加速科技与体育互动融合

随着体育产业的发展，除了场景业态方面的变化，体育产业组织方面也出现了很多新的主体模式，如在竞赛表演方面的各种专业赛事运营机构和体育俱乐部。产业互联网、众创空间等新经济模式，也被广泛地移植到体育产业领域，促进了新体育经济的快速发展。其中，体育赛事运营是体育产业化的核心引擎，越来越多的体育赛事将得到商业化的开发。在政策及资本的积极驱动下，体育赛事运营必然迎来爆发期。特别是专业赛事运营公司将大大推动体育与科技的快速融合。例如，当前虚拟现实技术在体育比赛转播中已经比较常见，但在2020年新冠疫情最为严重的期间，很多体育赛事重启时并不允许观众现场观看，除运动员、教练员和体育转播员等工作人员以外，并不允许任何观众进场观看比赛。因此，就造成了现场气氛不活跃，比赛的激烈程度要远不如之前。为了能够解决这一问题，NBA引进"Together Model"技术，该技术会把每一名参与聊天的用户头像同放到同一个虚拟场景中。在整个虚拟场景中，每一个人都可以与其他人进行虚拟空间的互动，如击掌或者欢呼等，从而有效调动了现场气氛、增强了转播画面的生动性、提升了转播质量。

---

① 李远方.政策助力 体育消费显露巨大发展潜力［N］.中国商报，2021-12-03（004）.

致　谢

　　本书不仅是历届奥运会新技术应用情况的全面总结，而且是2022年北京冬奥会应用的新技术亮点的重要记录。本书的出版既离不开诸多作者的厚爱，亦仰赖"科技冬奥"重点专项项目组的大力扶持。在此，对北京冬奥会技术亮点遴选和编辑过程中给予支持的项目组及专家致以诚挚的感谢，感谢诸位对《奥运与科技互动发展理论及实践研究》撰写过程中的热忱帮助和专业指导！
附致谢名单如下：

亮点技术项目组	专家	项目完成单位名称
"冬奥山地气象加密观测试验网技术"项目组	陈明轩　权建农　王倩倩	北京城市气象研究院
"一张票技术"项目组	"一张票技术"项目组	北京航空航天大学
"人工剖面赛道建造运维云平台成果技术"项目组	崔邯龙　郭庆林　张　诚	河北工程大学；重庆市筑云科技有限责任公司
"全自动干血点检测技术"项目组	徐　昕	上海体育学院
"冬季项目碳纤维复合材料高性能器材关键技术"项目组	周　宇	北京宇航高科新材料有限公司
"自主8K视频编码标准AVS3全球实现首个应用技术"项目组	罗新艳	中央广播电视总台
"多语种虚拟人交互设备（冬奥交互大屏）技术"项目组	王智国　姚　方	科大讯飞股份有限公司

续表

亮点技术项目组	专家	项目完成单位名称
"六足冰壶机器人技术"项目组	高 峰　齐臣坤	上海交通大学
"轻质高强耐高温碳纤维复合材料技术"项目组	宋晓峰　韩宗捷	北京航天动力研究所
"态势感知与运行指挥保障系统技术"项目组	陈 涛　黄丽达 王晓萌　吕 颖 沈旭昆　胡 勇	清华大学； 北京辰安科技股份有限公司； 北京航空航天大学
"诺如病毒快检试剂盒技术"项目组	徐 进　江 涛 闫韶飞　李 军	国家食品安全风险评估中心
"智能移动方舱技术"项目组	彭 歆　揭璧朦	北京大学口腔医院
"二氧化碳跨临界直接蒸发制冰机技术"项目组	田 华　刘 楷 李力耕	天津大学； 欧悦冰雪投资管理（北京）有限公司
"虚拟电厂优化协调控制及绿色冬奥电力市场关键技术"项目组	高舜安　秦砺寒 刘 念　何 慧	国网冀北电力有限公司
"科技奥运互动发展与成果集成评估技术研究"项目组	张 敏　郭 昱 毛维娜　陈安琪 吴素研　张素娟 魏 晨　童爱香 潘冰玉　安 静	北京市科学技术研究院科技情报研究所； 北京体育大学